JN357169

구령의 열정

THE PASSION FOR SOULS
by Oswald J. Smith

Copyright © 1950 by The People' s Church, Toronto, Canada.
Korean Edition published by Word of Life Press, Seoul, 1981, 1993, 2005, 2013.
All rights reserved.
Printed in Korea.

구령의 열정

© 생명의말씀사 1981, 1993, 2005, 2013

1981년 3월 30일 1판 1쇄 발행
1992년 3월 30일 10쇄 발행
1993년 2월 20일 2판 1쇄 발행
2004년 12월 25일 21쇄 발행
2005년 7월 30일 3판 1쇄 발행
2011년 10월 25일 8쇄 발행
2013년 11월 15일 4판 1쇄 발행
2025년 2월 24일 8쇄 발행

펴낸이 | 김창영
펴낸곳 | 생명의말씀사

등록 | 1962. 1. 10. No.300-1962-1
주소 | 서울시 종로구 경희궁1길 6 (03176)
전화 | 02)738-6555(본사) · 02)3159-7979(영업)
팩스 | 02)739-3824(본사) · 080-022-8585(영업)

기획편집 | 신현정
디자인 | 조현진, 김혜진
인쇄 | 영진문원
제본 | 다온바인텍

ISBN 978-89-04-10120-7 (03230)

저작권자의 허락 없이 이 책의 일부 또는 전체를
무단 복제, 전재, 발췌하면 저작권법에 의해 처벌을 받습니다.

The Passion for Souls

부흥을 갈망하는 교회를 향한
오스왈드 스미스의 고전

구령의 열정

생명의말씀사

옮긴이 서문

"삶으로 '아멘'을 말하라"고 외친 전도자, 스미스 박사의 솔직하고도 투명한 간증과 부흥 경험담을 읽는 동안 내 마음 깊은 곳에서는 어느새 "내게도 부흥을 주소서!" 하는 우레 같은 음성이 울려 퍼지고 있었다.

스미스 박사가 세계에서 가장 많은 선교비를 감당하는 위대한 교회의 담임이 된 배후에는 수많은 갈등과 고통의 기도가 있었다.

저자의 아들인 폴 스미스 박사가 한국에 와서 행한 며칠간의 집회에 참여하고 깊이 찔렸던 충격이 이 책을 통해 다시 살아나면서 삭막한 이 땅에 부흥의 빗줄기가 내리기를 기다리게 되었다.

스미스 박사만큼 구원의 복음을 선명하고도 깊이 있고 강력하게 외친 사람은 많지 않다. 그는 한 사람 한 사람을 상담실에서 만났으며, 그 사람이 확실히 그리스도를 발견하고 구원받을 때 "결신자 수"에 넣었다.

오늘날 한국 교회에도 이러한 것이 절실히 필요하다. 개인 상담자와 평신도 전도자가 훈련된 만큼 교회는 성장한다!

이 책을 읽고 나서는 말이 아닌 삶으로 "아멘"을 말하자. 그리하여 에스겔서에 나온 것처럼 마른 뼈들이 큰 군대가 되는 날이 이 땅에도 하루 속히 오게 하자!

꾸준히 신앙 양서를 출판해 주시는 생명의말씀사가 주님께 더욱 크게 쓰임받기를 기도하며, 임직원 여러분의 협조에 특별히 감사드린다.

| 추천사

YFC십대 선교회가 지향하는 핵심 내용은 선교에 대한 부담과 비전이다. 세계 곳곳에서 수많은 사람이 YFC를 통해 그리스도를 발견하고 있다. 그런 YFC를 변화시킨 선교 비전은 수년 전, 오스왈드 스미스 박사의 비전과 계획, 권고, 지도력, 우애가 낳은 산물이라고 할 수 있다.

선교 지도자로서 오스왈드 스미스를 따를 수 있는 사람은 아무도 없다. 세계적으로 그의 이름은 세계 복음화의 상징이 되었다. 그의 설교 여행, 엄청난 액수의 기금 모금, 하나님께 받은 거대한 비전은 수많은 선교 기관을 깊이 격려하고 힘을 실어주고 있다.

수년 전, 선교 비전이 점차 흐려지고 있을 때 토론토에서 광야의 소리와도 같은 한 음성이 울려 왔다. 바로 "선교! 선교! 선교!"라는 외침이었다. 이 외침으로 특히 미 대륙 전역에 있는 복음적인 그리스도인들은 불신不信 세계에 대해 새로운 책임 의식을 각성하기 시작했다. 스미스 박사의 도전적인 설교는 하나님의 도우심으로 수백만 달러의 선교 기금을 모금할 수 있었다. **선교사**로서 그는 영혼을 향한 열정을 보여준다.

전도자로서 그는 사람의 영혼을 사랑하는 불타는 열정을 가지고 있다. 강력한 욕구, 강렬하고 분명하며 간결한 복음 전파, 하나님께 부여받은 결단 촉구의 능력을 통해 수많은 강대상과 연단에서 전도 은사를 받은 인물임을 증명했다.

호주, 아일랜드, 자메이카, 남아프리카에서 열린 대집회는 결코 잊을 수 없다. 남아메리카에서 그는 25,000명의 회중(그중에는 불량배도 많았다)에게 설교했는데, 예수님을 믿기로 처음 결단한 사람이 4,500명이나 되었다. 나는 인생과 사역이 완전히 변화된 사역자를 많이 만나보았다. 확실히 주님은 그를 통해 과거의 어떤 복음 운동으로도 감동받지 못하던 많은 그리스도인의 심장에 특이하고도 놀라운 역사를 이루셨다. **전도자**로서 그는 영혼을 향한 열정을 보여준다.

목회자로서 오스왈드 스미스에 대해서는 캐나다에 있는 피플즈 교회 The Peoples Church가 잘 말해 준다. 피플즈 교회는 온 세상을 향해 그의 목회가 성공적이며, 그 위대한 교회의 목표와 핵심은 전도와 선교라고 선포한다. 오스왈드 스미스 목사처럼 꾸준하고도 열매가 풍성한 사역을 한 사람은 별로 없을 것이다. 나는 피플즈 교회에서 수차례 설교한 적이 있는데, 그때마다 교회가 초만원을 이루었다. 피플즈 교회 강단 앞에 얼마나 많은 사람이 무릎을 꿇고 그리스도를 발견했는지는 오직 천국 기록에서만 알 수 있을 것이다. **목회자**로서도 그는 영혼을 향한 열정을 보여준다.

저자로서 그의 저서와 소책자는 이미 수십 개 언어로 번역되었다. 그의 책을 읽은 사람은 한 사람도 예외 없이 그가 영혼을 얼마나 사랑하는지 그 열정을 반드시 발견하게 될 것이다. 구절마다 그 열정과 능력, 불타는 듯한 도전이 완연하다. 성령께서 크게 쓰신 그의 저서는 내 마음 깊숙이 육박해 오기도 했으며 내 삶과 사역에도 지대한 영향을 끼쳤음을 시인하지 않을 수 없다. 그는 **저술가**로서 영혼을 향한 열정을 보여준다.

시인이자 찬송 작사자로서 그가 지은 노래는 세계 곳곳에서 불리고 있다. "예수께서 오셨네" Then Jesus Came, "하나님은 아신다" God Understands, "주의 임재의 영광" The Glory of His Presence, "자유로워진 영혼의 노래" The Song of the Soul Set Free 등의 찬송을 들을 때에는 영혼에 대한 그의 열정이 고스란히 느껴진다. 많은 집회에서 나는 회중이 이러한 찬송들을 부르며 마음이 녹고 겸손해지는 광경을 보았다. 그 가운데서도 잘 알려진

"구원받았네"Saved라는 찬송은 수많은 사람에게 큰 간증이 되어왔다. **찬송 작사자**로서 그는 영혼을 향한 열정을 보여준다.

한 인간으로서 주 예수 그리스도를 위한 그의 철저한 헌신과, 하나님 나라 발전을 위한 그의 충성은 수천 명의 젊은 설교자에게 새로운 희망과 용기, 감동을 안겨주었다. 또한 그의 헌신된 기도 생활과 성령으로 충만한 개인적인 삶은 여러 사람에게 큰 축복이 되었다. 누구든 그와 단 5분만 지내도 그가 얼마나 영혼을 사랑하는지 알게 된다. 한 **인간**으로서 그는 영혼을 향한 열정을 보여준다.

하나님이 그렇게 많은 달란트와 은사를 지닌 사람을 세우시는 것은 한 세대에 한 명 정도인 것 같다. 만일 그리스도의 재림이 조금 더 지체된다면 이 전도자의 강한 열정은 오는 세대에도 계속 불타오를 것이다. 영혼을 향한 열정을 주제로 글을 쓴다면 스미스 박사보다 적격인 인물은 아마 없을 것이다.

이 책을 통해 많은 사람이 그가 지닌 부담과 비전, 불타는 열정을 품게 되길 간절히 바란다.

_ 빌리 그레이엄

차례

구령의 열정

1부

부흥,
영혼 구원을 위한 하나님의 열정

1장

성령의 부으심

1904년, 웨일즈 지방이 온통 불타고 있었다. 온 나라는 하나님에게서 멀리 떠나 있고, 영적인 상태는 지극히 메말라 있었다. 교회에는 사람들이 거의 없었고 나라 구석구석에 온갖 죄가 가득 차 있었다.

갑자기 하나님의 영이 돌풍처럼 온 땅을 휩쓸었다. 교회는 사람들로 초만원을 이루어 발도 들여놓지 못할 정도였다. 아침 10시에 시작한 집회가 밤 12시까지 계속되었다. 날마다 하루에 세 번씩 예배를 드렸다. 강단에 세워진 사람은 이반 로버츠Evan Roberts였는데 설교는 별로 하지 않았다. 찬송, 간증, 기도가 집회에서 주를 이루었다. 어려서부터 찬송을 배웠기 때문에 찬송가책도 없었다. 성가대도 없이 모두가 노래를 불렀다. 동원이나 광고도 없었다.

웨일즈 지방에 그토록 대단한 결과를 가져온 사건은 그때가 처음이었다. 불량배들이 회심하고, 술주정꾼과 절도범, 도박꾼들이 구원을 받으며, 수많은 사람이 변하여 존경받는 인물이 되었다. 이곳저곳에서 죄를 참회하는 소리가 들려왔다. 해묵은 빚도 갚았다. 극장가는 관객이 없어 문을 닫고, 탄광의 노새들은 갑작스럽게 친절해진 대우에 영문을 몰라 일하기를 거절했다. 5주 동안 20,000명이 교회로 찾아들었다.

1835년, 타이터스 코언Titus Coan이 하와이 해변에 발을 디뎠다. 그의 첫 여행에 벌써 엄청나게 많은 사람이 몰려와 말씀을 들었다. 사람들이 얼마나 밀려왔는지 그는 식사할 시간조차 없었다. 어떤 날은 아침 식사 전에 세 번이나 설교하기도 했다. 그는 하나님이 강하게 역사하고 계신다는 것을 느꼈다.

1837년, 잠잠하던 큰 불이 드디어 활활 타올랐다. 거의 모든 사람이 청중이 되었고 코언 목사는 15,000명에게 말씀을 전했다. 그가 그들을 일일이 찾아갈 수 없었기 때문에 사람들이 그에게 몰려왔다. 야외 집회는 그렇게 2년이나 계속되었다. 집회를 알리는 종이 울릴 때면 밤낮을 가리지 않고 언제나 2,000명에서 6,000명 정도가 집회에 참석했다.

통곡과 떨림, 자비를 구하는 간구와 통성기도가 있었다. 가끔은 그 소리가 몹시 커서 설교자의 설교를 들을 수 없을 때도 있었으며, 어떤 사람들은 정도가 지나쳐 졸도해 버리기도 했다. 어떤 사람은 "좌우에 날 선 검이 나를 찔러 쪼갠다"고 하면서 울부짖었다. 기독교를 조롱하던 어떤 사악한 사람은 지나가던 길에 잠깐 집회 장소에 들렀는데, "하나님이 나를 치셨다!"고 외치면서 울음을 터뜨리고 말았다. 한번은 2,000명이 모인 곳에서 설교하는데, 어떤 사람이 "어떻게 해야 구원을 얻습니까?" 하면서 몸부림을 치고 울며 세리의 기도를 하자 온 회중이 하나님께 자비를 구하며 통곡하기도 했다. 거의 30분 동안 코언 목사는 아무 말도 할 수 없어 그냥 잠자코 서서 하나님이 행하시는 역사를 보기만 했다.

싸움이 그치고, 술꾼들이 점잖아지며, 간음자들이 회심하였다. 살인범이 자수하여 용서받고, 절도범들은 훔친 물건을 돌려주었다. 일생 동안 짓던 죄를 버리는 역사도 나타났다. 한 해 동안 5,244명이 교회에 등록했다. 어떤 주일에는 1,705명이 세례를 받고, 성찬식에 2,400명이 참여하기도 했다. 한때 암흑가를 떠돌던 사람이 이제는 성도가 되었다. 코언 목사가 그곳을 떠날 때쯤 그가 세례를 베푼 사람은 11,960명이나 되었다.

1821년, 해안선 건너 아담스라는 작은 마을의 한 젊은 변호사가 숲속 외진 곳으로 기도하러 가고 있었다. 그곳에서 그는 하나님을 만나 놀랍게 변했으며, 곧 성령으로 충만해졌다. 그가 바로 찰스 피니Charles G. Finney다.

그 이야기를 듣고 깊은 관심을 갖게 된 사람들은 모두 합의라도 한 듯 그날 저녁 집회 장소에 모였다. 피니도 그곳에 있었다. 성령께서 그들에게 강하게 임하셔서 죄를 깨우치시자 부흥이 시작되었다. 그 물결은 주변 지방으로 퍼져나갔고, 급기야 동부의 여러 주州까지 번져 강력한 각성 운동에 휩싸이게 되었다. 피니가 설교할 때마다 성령께서 강하게 임하셨다. 종종 하나님이 그보다 앞서 가기도 하셨다. 그럴 때면 그가 집회 장소에 도착하기 전부터 사람들이 자비를 구하며 통곡하고 있었다.

어떤 때에는 죄를 깊이 깨우쳐서 애통하는 회개의 통곡 소리 때문에 설교를 중단하고 안정되기까지 기다려야 했다. 교역자와 교인들 가운데에서도 회심하는 사람이 적지 않았다. 수천 명의 죄인이 새 사람이 되었다. 이러한 은혜의 큰 역사가 여러 해 동안 지속되었다. 전에는 이런 일을 보지 못했다.

지금까지 성령이 부어진 세 사건을 소개했다. 이런 역사役事는 얼마든지 더 소개할 수 있다. 그렇지만 여기에 소개한 것들만 보아도 내 의도를 넉넉히 알 수 있으리라. 오늘날 우리에게 가장 필요한 것이 바로 성령의 부으심이다. 중국, 인도, 한국, 아프리카, 영국, 웨일즈, 미국 등 여러 곳에서 이러한 성령의 부으심이 나타났다. 그러나 내가 사랑하는 고국인 캐나다는 국가적인 부흥을 한 번도 경험한 적이 없음을 생각할 때, 마음 깊은 곳에서 하나님이 그분을 나타내주시기를 간구하는 애통함이 터져 나오지 않을 수 없다.

우리도 그런 부흥이 필요하지 않은가? 잘 들으라! 주일마다 예배당이 거의 반은 비어 있지 않은가? 하나님의 집에 한 번도 발을 들여놓지 않은 사람이 얼마나 많은지 아는가? 평일에 모이는 기도회는 생동적인가? 기도회가 발전하고 있는가? 영적인 것에 대한 갈급함은 도대체 어디에 있는가?

바다 건너 암흑의 이교도 국가에 복음을 전하기 위해서 우리는 무엇을 하고 있는가? 엄청난 사람들이 그대로 멸망해 가고 있다는 사실이 우리 마음에 아무런 찔림을 주지 못하는가? 우리는 이기적인 사람들이 된 것인가?

하나님이 우리에게 허락하신 엄청난 부를 어떻게 생각하는가? 오늘날 세계에서 가장 부유한 나라인 미국을 예로 들어보자. 미국 재력의 주요 부분이 이른바 그리스도인이라는 사람들의 손에 있다는 것을 아는가? 그런데도 미국은 선교에 쓰는 돈보다 껌을 사는 데 쓰는 돈이 더 많다. 하나님이 그들에게 주시는 것의 십 분의 일을 제대로 드리는 그리스도인이 얼마나 되는가?

국내와 선교지에 있는 우리의 대학과 신학교를 보라. 그들은 고등비평에 관한 교육에 열을 올린다. 예수님은 아무 기적도 행하신 적이 없고, 죽은 자 가운데서 다시 살아나시지 않았으며, 동정녀에게서 태어나시지도 않았다고 말한다. 우리를 구속하려고 돌아가셨다든지, 다시 오신다는 것을 믿지 않는다.

이른바 그리스도인이라는 자들 가운데 사람들 앞에서 그리스도를 닮은 삶을 살아가는 사람이 얼마나 되는가? 우리는 생각 없이 이 세상을 닮아가고 있지 않은가! 우리를 반대하는 사람들을 찾아보기가 어렵지 않은가? 초대 교회 위에 산더미처럼 쌓였던 핍박은 어디에 있는가? 오늘날처럼 그리스도인이 되기 쉬운 때가 있을까!

우리의 사역은 어떠한가? 교역자가 그의 메시지로 사람들을 회심시키며 구원받게 하는가? 얼마나 많은 영혼이 전파된 하나님 말씀을 듣고 구원받았는가? 수많은 교회 활동을 하느라 지치도록 일하지만, 교회의 진정한 과제인 세계를 복음화하고 잃은 영혼을 구원하는 일은 거의 무시하고 있지 않은가?

우리가 잘 알던 죄에 대한 깨달음은 지금 어디에 있는가? 그런 것은 과거에 있던 일인가? 피니의 집회 광경을 기억해 보라. 오늘날 우리는 왜 그러한 것을 반복하지 못하는가?

찰스 피니가 앤트워프에서 집회를 인도하고 있을 때다. 한 노인이 그를 초대하여 근방에 있는 작은 학교 건물에서 설교해 달라고 부탁했다. 그곳에 도착해 보니 어찌나 많은 사람이 모였던지 문 가까이에 발을 들여놓을 수도 없을 정도였다.

그날 피니는 상당히 오랫동안 설교했다. 그는 그 마을이 불경건한 사람들로 가득 차 있다고 지적하면서 그들의 마음에 강하게 도전했다. 사실 그 지역은 그때까지 예배를 드린 적이 없었던 것이다. 갑자기 사람들은 심각한 도전으로 마음에 찔림을 받았다.

하나님의 영이 마치 벼락처럼 그들에게 임했다. 한 사람씩 무릎을 꿇기 시작하고, 어떤 사람은 마룻바닥에 엎드린 채 용서를 구하며 통곡했다. 2분도 채 못 되어 모든 사람이 바닥에 내려앉았고, 울음소리 때문에 설교를 할 수 없어 피니는 설교를 중단하고 말았다. 그러다가 가운데에 앉은 채 놀라서 주위를 둘러보고 있는 노인에게 기도하라고 큰소리로 말했다. 그러고 나서 피니는 한 사람씩 붙잡고 예수님을 알려주었다. 피니가 다른 쪽에 가 있는 동안에는 그 노인이 집회를 인도했다. 집회는 밤새도록 계속되었다. 그들은 죄를 깊이 깨달았다. 그 결과는 오래도록 지속되었다. 그날 구원받은 한 청년은 후에 크게 성공한 복음의 사자가 되었다.

그렇다. 사람들은 하나님을 망각했고, 구석구석 죄가 가득 찼으며, 강단의 설교는 위력을 잃고 있다. 이러한 상황을 이길 수 있는 길은 오직 성령의 부으심뿐이다. 그러한 부흥이 수많은 마음을 변화시킨 것처럼 우리도 변화시킬 수 있다.

그러면 성령의 부으심을 어떻게 경험할 수 있는가? 바로 기도다. 그러나 기도하기 전에 반드시 있어야 할 조건이 있다. 먼저 죄 문제를 처리하는 것이다. 우리 삶이 하나님 보시기에 올바르지 않고 죄가 해결되지 않았다면, 밤이 새도록 기도해도 부흥은 절대로 오지 않기 때문이다.

> 오직 너희 죄악이 너희와 너희 하나님 사이를 갈라놓았고 너희 죄가 그의 얼굴을 가리어서 너희에게서 듣지 않으시게 함이니라(사 59:2).

이와 관련하여 우리에게 가장 좋은 안내서가 있다면 바로 요엘의 예언일 것이다. 그의 예언은 회개하라는 외침이자 요구이다. 하나님은 자신의 백성을 축복하시고 싶지만 죄가 축복의 길을 가로막고 있다. 따라서 사랑과 연민 가운데서 하나님은 그들에게 무서운 심판을 내리시는 것이다. 요엘 1장과 2장에 그것이 잘 설명되어 있다. 그 심판은 이미 성앞에 와 있다. 그렇지만 그분의 사랑이 얼마나 크신지!

> 너희는 이제라도 금식하고 울며 애통하고 마음을 다하여 내게로 돌아오라 하셨나니 너희는 옷을 찢지 말고 마음을 찢고 너희 하나님 여호와께로 돌아올지어다 그는 은혜로우시며 자비로우시며 노하기를 더디 하시며 인애가 크시사 뜻을 돌이켜 재앙을 내리지 아니하시나니 주께서 혹시 마음과 뜻을 돌이키시고 그 뒤에 복을 내리사 너희 하나님 여호와께 소제와 전제를 드리게 하지 아니하실는지 누가 알겠느냐(욜 2:12-14).

나는 사람들에게 무슨 죄가 있는지 알지 못한다. 그러나 자기 자신이 알고, 하나님이 아신다. 먼저 죄를 처리하고 그것을 버리지 않는다면, 차라리 기도를 그치고 그대로 일어서는 편이 낫다. “내가 나의 마음에 죄악을 품었더라면 주께서 듣지 아니하시리라"(시 66:18). 하나님께 내 마음을 감찰하시고 기도의 장애물을 보여 달라고 간구하자. 죄는 반드시 회개하고 버려야 한다.

혹시 남몰래 품고 있는 우상이 있다면 버려야 한다. 갚아야 할 것이 있는가? 또는 하나님께 무엇인가 감추고 있지는 않은가? 하나님의 것을 도적질한 적은 없는가? 이런 문제는 당사자 개인의 일이며, 하나님과 일대일로 풀어야 할 문제다.

이제 요엘 2장 15–17절을 읽어보자. 선지자는 모여서 기도할 것을 요구한다. 죄를 회개하고 버린 다음에는 기도해야 한다. "이방인으로 그들의 하나님이 어디 있느냐?"라고 말하지 못하도록 여호와의 이름을 위하여 하나님께 간절히 간구해야 한다. 그들은 매우 진지하며, 이 기도는 만연히 역사하게 된다.

> 너희는 시온에서 나팔을 불어 거룩한 금식일을 정하고 성회를 소집하라 백성을 모아 그 모임을 거룩하게 하고 장로들을 모으며 어린이와 젖 먹는 자를 모으며 신랑을 그 방에서 나오게 하며 신부도 그 신방에서 나오게 하고 여호와를 섬기는 제사장들은 낭실과 제단 사이에서 울며 이르기를 여호와여 주의 백성을 불쌍히 여기소서 주의 기업을 욕되게 하여 나라들로 그들을 관할하지 못하게 하옵소서 어찌하여 이방인으로 그들의 하나님이 어디 있느냐 말하게 하겠나이까 할지어다.

우리는 기도하고 있는가? 이 도시를 위해 하나님께 간구하는가? 성령의 부으심을 위해 밤낮으로 기도하는가? 지금은 기도할 때다.

피니의 전도 사역 가운데 부흥이 식은 때가 있었다. 그래서 그는 젊은 이들과 한 주 동안 해 뜰 때, 낮, 해 질 때에 기도하기로 약속했다. 그러자 성령께서 다시 강하게 임하셨고 한 주도 채 지나지 않아서 집회에 사람들이 몰려들었다.

물론 그 기도는 믿음의 기도, 기대를 품은 기도여야 한다. 만일 하나님이 마음을 감동시키셔서 부흥을 위해 기도하게 하신다면, 그것은 하나님이 부흥을 허락하시려는 의도가 있다는 표시다. 하나님은 언제나 그분 말씀에 신실하시다. "성령의 단비를 내리소서!" 그분은 절대로 약속을 깨뜨리지 않으신다. 우리에게 믿음이 있는가? 큰 각성이 일어날 것을 기대하는가?

요엘 2장 18절은 그 기도에 즉각적으로 대답한다. 죄를 버리고 기도로 하나님께 간절히 구할 때 "여호와께서 자기의 땅을 극진히 사랑하시어 그의 백성을 불쌍히 여기실 것이다." 필요한 조건만 충족되면 그 해답은 즉각 오게 마련이다.

문제는 하나님께 있는 것이 아니라 우리 자신에게 있다. 하나님은 기꺼이 행하고자 하신다. 그런데 우리가 준비되어 있지 못한 것이 문제다. 그래도 하나님은 우리를 기다리신다. 더 이상 그분이 우리를 기다리시게 해서는 안 된다.

2장

부흥을 위한 책임

과거에 일어난 위대한 부흥 가운데 하나님이 강력하게 역사하신 기록을 읽거나 들을 때면 마음이 불타는 듯하던 적이 있었다. 해외에 나가 사역하는 영웅적인 선교사들과, 은혜로운 성령을 만나고 국내에서 외롭게 하나님을 섬기는 사람들은 언제나 내 삶에 말할 수 없이 깊은 감동을 주었다. 데이비드 브레이너드David Brainerd, 아도니람 저드슨Adoniram Judson, 찰스 피니, 맥체인McCheyne 등 많은 사람이 내 동역자이자 좋은 동지들이다.

그들에게 주목하고 귀를 기울여 그들의 말을 경청하며 함께 지냈기 때문에 그들이 활동한 분위기를 거의 다 감지感知할 수가 있었다. 그들이 당한 시련과 고난, 그들의 기도와 눈물, 그들의 기쁨과 슬픔, 그들의 영광스런 승리와 성공적인 완수 등이 내 영혼을 움직였다. 나는 얼굴을 파묻고 "원컨대 주는 하늘을 가르시고 강림하소서!"라는 옛 선지자의 선포를 거듭 외쳐댔다.

18세기 존 웨슬리를 중심으로 일어난 대각성 운동, 1859년 격동적인 아일랜드에서 나타난 움직임, 19세기 찰스 피니를 중심으로 미국에서 일어난 주님의 영광스런 임재, 1904-1905년에 일어난 웨일즈의 강력한 부흥은 내 삶에 더할 나위 없이 좋은 양식과 음료가 되었다. 나는 죄를 깨달은 사람들의 억제할 수 없는 기쁨과 통곡, 통회하는 사람들의 안타까운 울음소리, 구원받은 사람들의 말할 수 없는 기쁨의 환호를 들어왔다. 그리고 지금은 이러한 하나님의 임재와 능력이 또다시 나타나기를 간절히 고대하고 있다.

어려서부터 나는 하나님의 일하심을 다룬 책을 대단히 좋아했는데, 요즈음에는 다른 것은 모두 제쳐놓고 주로 부흥을 주제로 한 서적들만 손에 들어오는 대로 모조리 읽고 있다. 하나님이 특별하게 사용하신 인물들, 특히 청교도와 초기 감리교인, 훌륭한 성도들의 삶을 공부하면서 그들이 어떻게 하나님께 선택되어 쓰임받았는지 알게 되었다. 또한 그들이 간구하는 것을 위해 수고하고 기대하며 성취하게 되는 과정을 보면서, 오늘날 내 전도 사역이나 다른 사람들의 사역에서는 그런 역사를 보기 힘들다는 것을 인정할 수밖에 없었다.

일반적으로 많은 교회가 어떤 큰 결과를 목표로 삼지 않고 무작정 운영해 나가는 것처럼 보인다. 여러 사람이 설교하지만 실제로 어떤 위대한 일이 일어나리라고는 별로 기대하지 않고 꿈도 꾸지 않는다. 우리는 얼마나 멀리 떠내려 온 것일까? 왜 이렇게 무기력해졌는가?

1년 동안 예수 그리스도께 한 영혼도 인도하지 못한 교회가 무려 7,000개가 넘는다는 소식을 들었다. 다시 말해 7,000명의 교역자가 1년 내내 복음을 설교했지만 한 영혼도 얻지 못했다는 뜻이다. 기타 집회를 제외하고 적어도 1년에 40주일 동안 한 주에 2회 정도 설교했다면, 사역자 7,000명이 1년에 56만 번 설교한 셈이다. 그 수고와 노력은 물론 재정 지출이 얼마나 막대한지 생각해 보라. 7,000개 교회, 7,000명의 교역자가 12개월 동안 56만 번 설교했으나 한 영혼도 그리스도께 올바르게 인도하지 못한 것이다.

어딘가가 확실히 잘못되었다. 7,000명의 교역자에게 문제가 있든지 56만 번의 설교에 문제가 있을 것이다. 아니면 두 가지 모두에 문제가 있는지도 모르겠다.

초기 감리교회의 "12강령"을 읽고 나는 그들의 최고 과제가 구령 사역임을 알고 매우 놀랐다. 그중 하나를 인용한다.

> 우리가 할 일은 오직 영혼을 구원하는 일뿐이다. 이 일에 시간을 보내고 사용해야 한다. 설교를 많이 하는 것은 우리의 직분이 아니다. 되도록 많은 영혼을 구원하고, 가능한 많은 사람을 회개하게 하며, 거룩함 가운데서 성장하도록 최선을 다하는 것이 우리의 직분이다. 이 거룩함이 없으면 아무도 주를 볼 수 없다.
>
> _12강령에서, 존 웨슬리

이러한 강령을 실질적으로 적용한 사람이 바로 그 유명한 윌리엄 브람웰Wm. Bramwell이다. 이 강령은 그의 삶 속에 완연히 나타나 있다.

그는 흔히 알고 있는 것처럼 위대한 설교자는 아니었다. 그렇지만 만일 가장 많은 질병을 치료한 사람이 최고의 의사라면, 가장 많은 사람을 하나님께 인도하는 도구로 쓰인 사람이 최고의 설교자일 것이다. 이런 의미에서 브람웰은 가장 위대하고 훌륭한 기독교 사역자 가운데 한 사람이라고 할 수 있다.

_ 윌리엄 브람웰의 회고록

존 옥스토비John Oxtoby도 그렇게 하나님께 쓰임받은 인물로, "나는 날마다 죄인이 회개하는 것을 목격한다. 내가 나설 때마다 하나님이 열매를 주셨다"고 말했다.

성령의 부으심을 받고 수천 명의 영적 아비가 된 존 스미스John Smith에 대해서는 이렇게 이야기한다.

그는 구원받은 영혼이 없는 설교(실제로 모든 사역 활동)는 설교로 계산하지 않았다. 그는 "하나님의 은혜로 영혼을 건지는 일만 하기로 작정했다"고 외쳤다. "복음의 사자는 사람들을 어둠에서 빛으로, 사탄의 권세 아래에서 하나님께로 이끌어내는 일을 위해 보내심을 받은 자다." 단순히 지적인 즐거움만 주는 설교를 하는 사람은 하나님이 싫어하신다. 설교 도중 그가 지적이고 상상력이 뛰어난 한 친구에 대해 "그 설교는 아무 도움이 못 됩니다"라고 했는데, 바로 이것이 그의 특징이다.

_ 존 스미스의 생애

어떻게 그들은 시간만 질질 끌다가 아무 열매 없이 끝맺는 것인가? 이해할 수 없다. 나라면 그것이 적절하지 않다고 판단했을 것이다.

_ 토머스 테일러

> 노력할 목표를 설정하지 않거나 청중이 회심하여 교화되기를 바라지 않고, 청중이 회심하리라는 바람에 따라 연구하고 설교하지 않는다면 그 설교는 열매가 거의 없을 것이다. 지금 하고 있는 일에 만족한다는 것은 거짓되고 이기적인 마음을 갖고 있다는 병든 징조다. 따라서 수고의 열매도 없다.
>
> _ 리처드 백스터

그래서 나는 내 사역의 결과와 하나님의 약속을 비교해 보았다.

> 여호와의 말씀이니라 내 말이 불 같지 아니하냐 바위를 쳐서 부스러뜨리는 방망이 같지 아니하냐(렘 23:29).

에베소서 6장 17절은 "성령의 검 곧 하나님의 말씀"이라고 말한다. 그러나 이 말씀을 깊이 묵상할수록 내 사역에서 하나님 말씀이 불과 방망이와 칼이 되지 못했음을 깨달을 수 있었다. 그렇기 때문에 태우지도, 부수지도, 찌르지도 못했다. 아무 위력이 없었다. 히브리서 4장 12절을 보자.

> 하나님의 말씀은 살아 있고 활력이 있어 좌우에 날선 어떤 검보다도 예리하여 혼과 영과 및 관절과 골수를 찔러 쪼개기까지 하며 또 마음의 생각과 뜻을 판단하나니.

나는 그런 것을 보지 못했다. 그러나 존 웨슬리는 보았다. 존 스미스는 그런 것을 늘 경험했다. 데이비드 브레이너드도 그 예리함을 목격했다. 그러나 나는 그러지 못했다.

> 내 입에서 나가는 말도 이와 같이 헛되이 내게로 되돌아오지 아니하고 나의 기뻐하는 뜻을 이루며 내가 보낸 일에 형통함이니라(사 55:11).

이 놀라운 약속의 말씀이 내 설교에서는 성취되지 않았다는 것을 알고 있었다. 바울, 브람웰, 피니처럼 그 말씀이 헛되이 돌아오지 않았다는 증거가 내게는 없었다. 나는 그러한 증거를 소유해야 했던 사람이다. 나 자신이 내 설교에 도전한 것이 이상하지 않은가?

설교뿐 아니라 기도 생활에서도 그러했다. 그 열매를 보고 도전을 받고 시험받아야 했다. 그리고 나는 "너는 내게 부르짖으라 내가 네게 응답하겠고 네가 알지 못하는 크고 은밀한 일을 네게 보이리라"(렘 33:3)는 말씀이 내 경험에서는 실현되지 못했음을 인정하지 않을 수 없었다. 이반 로버츠, 조나단 고포드 등 여러 사람이 날마다 "크고 은밀한 일"을 증거했지만, 나는 그러지 못했다. 내 기도는 결정적이고도 지속적으로 응답되지 못했다. "너희가 내 이름으로 무엇을 구하든지 내가 행하리니 …… 내 이름으로 무엇이든지 내게 구하면 내가 행하리라"(요 14:13-14)는 말씀이 나에게는 실현되지 못했다. 나는 많이 간구해도 받지 못했기 때문에 그 약속이 그다지 중요해 보이지 않았다.

결국 내 기도 생활이 무엇인가 근본적으로 잘못된 것이 틀림없다는 결론을 내리게 되었다. 그러던 어느 날, 찰스 피니의 자서전을 읽다가 그도 나와 똑같은 상태를 경험한 적이 있음을 발견했다.

내가 매주 듣는 기도가 전혀 응답되지 않고 있다는 사실에 크게 놀라지 않을 수 없었다. 그들의 기도 소리와 집회에서 나누는 이야기를 통해 나는 기도하는 사람들이 응답받을 것을 기대하지도 않고 있었다는 사실을 알았다.

그들은 서로 깨어 부흥을 위해 간절히 기도하면서 주어진 책임을 다하고 성령의 부으심을 위해 간구하며 진지하게 하나님을 의지하면, 하나님의 영께서 임재하시고 부흥이 오며 죄인들이 회개할 것이라고 말했다. 그렇지만 기도와 집회에서 그들은 늘 참된 부흥이 아무런 진전도 보이지 않는다고 고백했다.

기도는 많이 하지만 응답받지 못하는 이러한 모순은 내게 서글픈 걸림돌이 되었다. 나도 어떻게 해야 할지 몰랐다. 이 사람들이 참된 그리스도인이 아니어서 기도가 역사하지 않는 것인지, 이 문제에 대한 성경의 약속과 교훈을 내가 잘못 알고 있는 것은 아닌지, 아니면 성경이 진리가 아니라고 해야 할지 몰라서 내 마음에 하나의 질문이 되었다. 내가 이해할 수 없는 것 때문에 한때 이 문제는 나를 거의 회의주의로 몰아갈 뻔했다. 성경의 교훈들은 내 눈앞에 펼쳐지고 있는 현실과 전혀 조화되지 않는 것처럼 보였다.

한번은 기도회에 참석했는데, 사람들이 나를 위해 기도해 주고 싶다고 했다. 나는 기도해 준다는 것조차 사양했다. 하나님이 그들의 기도를 들으신다고 믿지 않았기 때문이다. 그리고 이런 식으로 말했다. "내가 죄인이라는 것을 알고 있기 때문에 기도해야 한다고는 생각하지만, 여러분이 그렇게 계속 기도해도 응답받지 못하는데 기도해 봐야 무슨 소용이 있겠습니까? 내가 아담스 지방에 온 뒤부터 늘 부흥을 위해서 기도했지만 아직도 부흥이 없지 않습니까?"

존 웨슬리는 메시지를 마칠 때, 하나님을 향해 "말씀을 확증해 주소서", "하나님의 인印을 쳐주소서", "말씀에 증거를 보여주소서"라고 간구하며 외쳤다. 그러면 하나님은 그렇게 하셨다. 곧 죄인들이 깊이 찔림받고 죄를 깨우치며 용서를 간구하기 시작했는데, 잠시 후 그들의 영혼은 자유를 얻고 현재적인 구원을 알아 말할 수 없는 기쁨으로 충만해졌다. 웨슬리는 일기장에 자신이 직접 목격하고 귀로 들은 것들을 다음과 같이 기록했다.

> 하나님의 능력이 임한 사람들의 울음소리가 아마 여러 사람들의 귀에는 거슬렸을 것이다. 그들 가운데 의사가 한 명 있었는데 그는 사기 조작극이 아닌지 크게 염려했다. 그런데 그가 여러 해 전부터 알고 지낸 사람이 오늘 처음으로 큰소리로 울면서 눈물을 터뜨렸다. 그는 자기 눈과 귀를 믿을 수가 없었다. 그 여자에게 가까이 다가가 증세를 자세히 주시해 보았다. 여자는 땀을 비 오듯 쏟으며 심지어 뼈까지 흔들리는 것 같았다. 그것은 아무리 보아도 사기가 아니었다. 그렇다고 해서 어떤 자연적인 이상異常도 아님을 확신했기 때문에 어떤 판단도 내릴 수 없었다. 그 여자의 몸과 영혼이 한순간에 완전히 나아진 후에야 그는 비로소 그것이 하나님의 손길임을 깨달았다.

이런 것들이 곧 초대 교회에 있었던 경험이다.

> 그들이 이 말을 듣고 마음에 찔려 베드로와 다른 사도들에게 물어 이르되 형제들아 우리가 어찌할꼬 하거늘(행 2:37).
>
> 두 사도가 오래 있어 주를 힘입어 담대히 말하니 주께서 그들의 손으로 표적과 기사를 행하게 하여 주사 자기 은혜의 말씀을 증언하시니(행 14:3).

그들은 "표적과 기사가 …… 이루어지게 하옵소서"(행 4:30)라고 기도했다. 사도 바울은 복음이 "모든 믿는 자에게 구원을 주시는 하나님의 능력"(롬 1:16)이 된다고 선포했다. 그런데도 이런 일은 내 사역에서 전혀 낯선 것이었다.

아일랜드에 부흥이 일어난 1859년, 곳곳에서 많은 "표적과 기사"가 나타났다. 초기 감리교회에서도 그런 일은 비일비재했다. 그러나 내게 있어서 복음은 "구원을 주시는 하나님의 능력"이 되지 못했다. 내가 설교해도 하나님은 "그 말씀을 확증해 주시지 않았고", "인을 치지도 아니하시며", "말씀을 증거해 주시지" 않았다. 예수님이 친히 그것을 우리에게 약속하셨기 때문에 나는 그 모든 것을 받을 수 있다는 것을 알고는 있었다. 예수님은 "내가 하는 일을 그도 할 것이요 또한 그보다 큰 일도 하리니"(요 14:12)라고 말씀하셨다.

하루는 사도행전을 읽으면서 초대 교회의 하나님의 종들이 가는 곳곳마다 어떤 열매를 얻었는지 발견하였다. 성경을 읽으며 발견한 사실은 그들이 목표하고 일하며 기도한 것은 반드시 열매를 얻었다는 것이다. 오순절에 베드로가 설교했더니 3,000명이 한 번에 회개했다. 지극히 분명한 소득이 있었던 것이다.

바울도 마찬가지였다. 바울을 따라가다 보면 곧 알겠지만 그가 가는 곳마다 교회가 세워졌다. 성경은 그런 결과를 여러 번 언급한다. “이 날에 신도의 수가 삼천이나 더했고”(행 2:41 참고) “수많은 사람들이 믿고 주께 돌아왔다”(행 11:21 참고). “이에 큰 무리가 주께 더하여지고”(행 11:24 참고) “이방인들도 하나님 말씀을 받았다”(행 11:1 참고). “큰 무리와 적지 않은 귀부인도” 믿고(행 17:4 참고) “몇 사람이 그를 가까이하여 믿었다”(행 17:34 참고). “그 말을 믿는 사람도 있었다”(행 28:24 참고). 그리고 바울은 “하나님이 자기의 사역으로 말미암아 이방 가운데서 하신 일을 낱낱이” 말할 수 있었다(행 21:19).

나는 얼마나 엉터리인지, 정말 엉망진창이다! 하나님이 부르신 사역에서 어느 것 하나 제대로 하는 것이 없다. 내가 설교한 후에 “수많은 사람들이 믿고 주께 돌아왔다”, “몇 사람이 믿었다”라고 쓸 수 있을 때가 별로 없지 않은가! 나는 바울처럼 “하나님이 자기의 사역으로 말미암아 이방 가운데서 하신 일”을 고할 수도 없다.

하나님은 그의 종마다 열매를 맺는 것이 그분의 뜻임을 분명하게 강조하여 말씀하신다. “내가 너희를 택하여 세웠나니 이는 너희로 가서 열매를 맺게 하고”(요 15:16). 오랫동안 나는 내가 할 일이 나가서 씨를 뿌리고 복음을 전하는 것이고 결과는 하나님께 맡긴다는 핑계를 대면서 내 할 일을 다 했다고 생각했다. 구원받고 큰 축복을 받은 사람들은 자신의 구원과 축복을 고백할 것이다. 그러나 만일 그런 반응이 없다면 그 결과에 무엇인가 의심스런 점이 있는 것이다. 조지 휘트필드는 설교한 후에 수많은 사람에게 축복과 구원을 받았다는 편지를 받았다.

공적 모임에 나갈 때 사람들을 회개와 구원으로 인도하고 설복하고자 하는 계획을 가지고 나아가라. 가서 소경의 눈을 뜨게 하고, 귀머거리를 듣게 하며, 앉은뱅이를 걷게 하고, 어리석은 자를 지혜롭게 하며, 죄와 허물로 죽은 사람들을 거룩하고 신령한 생명으로 소생시키고, 위대한 화목자 되시는 그리스도 예수로 말미암아 범죄하는 배반자를 창조주의 사랑과 순종 아래로 돌아오도록 하여 그들도 용서받고 구원받게 하라. 가서 그리스도와 복음의 향기를 온 무리에게 퍼뜨리고 영혼들이 그의 은혜와 영광에 참여하도록 인도하라.

_ 와츠 박사

어떤 사람은 믿는 자를 세우는 데 특별한 은사가 있기 때문에 그리스도인을 믿음 안에서 세우는 일에만 전력을 다하겠다고 생각한다. 나도 이런 곁길로 빠진 적이 있다. 나는 스스로 젊은 그리스도인들에게 깊이 있는 삶을 설교하고 교육하는 데 남다른 은사가 있다고 여겼기 때문에, 그 일에 많은 시간을 들이고 여러 설교를 준비해 왔다. 그런데 어느 날 하나님이 은혜 가운데 내 눈을 여시고 내가 얼마나 잘못되어가고 있는지 보여주셨다. 한 영혼이 진정으로 구원받는 것을 보는 것만큼 신속하고, 실제로 그리스도인의 경험을 깊게 해주며, 믿음 안에서 자라게 하는 것은 없다. 성령께서는 구원의 경험 없이 여러 해 동안 교육시키는 자리보다는 하나님의 능력이 강력하게 임재하여 죄인이 죄를 깨닫고 구원받는 곳에서 훨씬 많이 역사하신다. 데이비드 브레이너드가 좋은 경우일 것이다. 그는 자신이 사역해 오던 인디언들에 관해 다음과 같이 말했다.

하나님이 6월 말에 처음으로 그들을 찾아가신 이후, 그들은 하나님의 진리에 관한 많은 교리적 지식을 얻었다. 적절하고 건설적인 방법이긴 했지만 하나님의 영향력 없이 몇 년 동안 심어준 지식보다 이 지식이 훨씬 많았다.

윌리엄 브람웰에 대해서 이런 이야기가 있다.

일부 설교자는 자신에게는 무관심하고 완악한 죄인들을 깨우치고 회개시키는 은사가 없다고, 믿는 사람들을 성장시키는 것이 자기 은사라고 말한다. 브람웰은 그런 태도가 하나님의 생명과 능력을 잃어버린 사람들이 흔히 하는 변명이라는 것을 증명하려고 했다. 물론 믿는 사람들을 권고하고 세우는 데 특별한 은사를 가진 설교자도 있지만, 하나님의 포도원에 보내진 참된 일꾼이라면 여러 종류의 일을 다 할 수 있어야 한다. 땅을 파기도 하고 갈기도 하며, 씨를 뿌리고 심고 물을 주는 일을 다 해야 한다. 그렇기 때문에 브람웰은 설교자들에게 죄인이 회개하고 구원받는 열매를 보지 못하면서 만족해서는 안 된다고 간절하게 호소했다.

스미스 목사에 대한 이야기도 살펴보자.

그리스도인을 가장 거룩한 믿음 위에 바로 세워주는 일은 스미스 목사의 주요 사역 과제였다. 그러나 그는 죄인의 회개가 나타나지 않는 한 자신의 노고는 성공적이라고 여기지 않았다.

그는 신자들을 가장 온전하게 훈육하고 성장시키는 사람이지만, 동시에 가장 열성적이고도 충성스럽게 죄인의 회심을 위해 애쓴 사람이다.

_ 존 스미스의 생애

믿는 사람들과 함께 어울려 일하는 것만으로는 충분하지 않다. 어떤 교회가 아무리 영적이라고 해도 구원받는 사람들이 없다면 어딘가 크게 잘못된 것이다. 그들이 말하는 영성은 허망한 경험이자 마귀의 속임수라고까지 할 수 있다. 자기들끼리 모여 재미있게 시간을 보내는 것으로 흡족해하는 사람들은 하나님에게서 멀리 떨어져 있는 것이다. 참된 영성은 언제나 열매로 나타난다. 그곳에는 영혼을 향한 연민과 사랑이 있다.

여러 곳을 다녀보면서 우리는 매우 심오하고 영적이라는 사람들을 만난다. 그런데 종종 그 영성이 머리에 있는 것이요, 마음으로 감동을 주지 못하는 것임을 본다. 그리고 대부분 그들 속에는 무언가 고백하지 않은 죄가 남아 있다는 것을 알았다. 즉 "경건의 모양은 있으나 경건의 능력은 부인하는" 사람이 많았다.

이 얼마나 안타까운 일인지! 이제 우리 자신의 영적 깊이를 살펴보고, 무슨 열매를 맺고 있는지 물어보라. 구원받지 않은 사람들 가운데 일어나는 진정한 각성, 그리스도 몸의 참된 부활이 있어야 하나님의 마음을 기쁘시게 할 수 있다.

3장

영혼을 낳는 진통

시온은 진통하는 즉시 그 아들을 순산하였도다(사 66:8).

이 말씀은 하나님의 일을 하는 데 가장 근본적인 요소다. 진통 없이 자녀를 낳을 수 있는가? 고통 없이 출산할 수 있는가? 자연 세계에서 가능하지 않은 것을 영적 세계에서 기대하는 경우가 얼마나 많은가? 그런 것은 없다. 영혼의 진통 없이는 절대로 영적 자녀를 낳을 수 없다. 피니는 잃어버린 영혼을 위해 하나님께 간구할 때, 아무 말도 못하고 그저 고통하며 울 뿐이라고 했다. 이것이 진정한 진통이다.

물에 빠진 아이를 보면 안타까워하면서 멸망하는 영혼을 위해서는 왜 그러지 않은가? 사랑하는 사람이 바다에 빠져 허우적대는 것을 보면서 안타까워 우는 것이 뭐 그리 어렵겠는가? 그때 괴로움을 느끼는 것은 매우 자연스러운 일이다. 사랑하던 사람을 관棺에 넣고 집을 나설 때 통곡하지 않을 사람이 있겠는가? 그때의 눈물은 매우 당연하고 자연스러운 것이다!

그런데 우리 주위에서 고귀한 영혼이 영원히 멸망하여 암흑과 절망의 어둠 속으로 빠져들어 영원히 잃게 되는 것을 보고 알면서도 고통스러워하지 않고 눈물도 흘리지 않으며 안타까운 아픔조차 느끼지 못하는 현실을 보라! 우리 마음이 얼마나 싸늘하게 식어 있는지! 예수님이 느끼신 연민의 정을 우리는 알지 못하고 있다. 하나님은 우리에게 그런 마음을 주시지만 소유하지 못하는 것은 우리 잘못이다.

야곱은 이길 때까지 씨름하며 고통했다. 그런데 오늘날, 누가 그렇게 하고 있는가? 누가 산고의 기도를 하고 있는가? 이른바 가장 영적이라는 기독교 지도자들 가운데서도 하루에 단지 몇 분밖에 무릎 꿇지 않으면서, 하나님께 할 일을 다 했다고 자만하는 사람이 얼마나 많은가! 우리는 특별한 결과를 기대한다. 물론 그런 결과는 가능하다. 이적과 기사도 나타날 수 있다. 다만 영적인 영역에서 특별히 노력해야만 가능하다. 영혼을 위해 끊임없이 애쓰고 밤낮으로 기도하며 지낼 때에만 특별한 결과를 이룰 수 있다.

> 제사장들아 너희는 굵은 베로 동이고 슬피 울지어다 제단에 수종드는 자들아 너희는 울지어다 내 하나님께 수종드는 자들아 너희는 와서 굵은 베 옷을 입고 밤이 새도록 누울지어다 이는 소제와 전제를 너희 하나님의 성전에 드리지 못함이로다 너희는 금식일을 정하고 성회를 소집하여 장로들과 이 땅의 모든 주민들을 너희 하나님 여호와의 성전으로 모으고 여호와께 부르짖을지어다(욜 1:13-14).

이 말씀에서 보듯이 요엘은 그 비결을 알고 있었다. 이제 다른 모든 것을 제쳐놓고 "하나님께 부르짖자."

> 우리 선조들 가운데 영혼 구원에 가장 성공적인 사람들의 전기를 읽어보면, 그들은 홀로 여러 시간씩 기도했다. 그래서 "그런 모범을 따르지 않으면서 똑같은 결과를 얻을 수 있을까"라는 질문이 생긴다. 만일 그럴 수 있다면 온 세상에 대고 우리가 아주 좋은 새 방법을 찾아냈다고 외쳐도 된다. 그러나 그렇지 못하다면 하나님의 이름으로 믿고 순종하며 약속을 얻은 사람들을 따르도록 하자. 우리 선배 그리스도인들은 죄인이 구원받기까지 하나님 앞에서 여러 시간씩 울며 기도하고 고통했다. 그들은 하나님 말씀의 검劍에 찔리기 전까지 쉬지 않았다. 강력한 성공의 비결은 바로 그것이다. 일이 잘 풀리지 않고 사람들이 감동되지 않을 때, 그들은 하나님이 그런 사람들에게 성령을 부으시고 구원받게 하시기까지 계속해서 기도로 씨름했다.
>
> _ 사무엘 스티븐슨

하나님의 사람들은 예외 없이 기도에 강했다. 중국에 해가 뜰 시간이면 언제나 허드슨 테일러가 무릎을 꿇고 있었다. 중국 내지 선교회가 하나님께 크게 쓰임받은 것은 결코 이상한 일이 아니다!

회심은 성령의 역사다. 기도는 그 역사를 가능하게 해주는 능력이다. 영혼 구원은 사람이 하는 일이 아니라 하나님의 일이다. 하나님은 우리 기도에 응답하여 일하시기 때문에, 하나님의 거룩한 계획을 따르지 않고는 달리 방도가 없다. 기도는 세상을 움직이는 팔을 움직인다.

역사하는 능력이 있는 기도는 결코 쉽지 않다. 어둠의 권세와 씨름해 본 적이 있는 사람만이 그것이 얼마나 어려운지를 안다. 바울은 "우리의 씨름은 혈과 육을 상대하는 것이 아니요 통치자들과 권세들과 이 어둠의 세상 주관자들과 하늘에 있는 악의 영들을 상대함이라"(엡 6:12)고 말한다. 또한 성령께서도 "말할 수 없는 탄식으로" 기도하신다(롬 8:26).

기도하는 사람이 얼마나 적은가! 다른 것을 할 시간은 많다. 잠자고, 먹고, 신문과 소설을 읽고, 친구를 만나는 등 해 아래서 할 수 있는 모든 것을 하면서도 이보다 훨씬 중요하고 가장 핵심적이며 위대한 기도에 들이는 시간은 없다.

자녀가 19명이던 수산나 웨슬리 부인(존 웨슬리의 어머니)이 바쁜 가운데서도 날마다 한 시간씩 자기 방에서 홀로 하나님 앞에 앉아 기도한 것을 생각해 보라. 시간을 찾을 게 아니라 시간을 내야 한다. 마음만 있으면 시간은 낼 수 있다.

기도의 중요성을 확실하게 알았던 사도들은 구제하는 일마저 미루고 "기도하는 일과 말씀 사역에 힘쓰리라"(행 6:4)고 했다. 그런데 사역자들 가운데 재정 문제를 맡으려는 사람은 많으나, 기도를 담당하려는 사람은 적다! 그들의 영적 사역이 변변치 못한 것은 당연하다.

> 이때에 예수께서 기도하시러 산으로 가사 밤이 새도록 하나님께 기도하시고(눅 6:12).

이것이 하나님의 아들이 하신 일이다. 그분에게 이토록 간곡한 기도가 필요했다면 하물며 우리는 어떠하겠는가? 한번 생각해 보라! "밤이 새도록.” 우리는 몇 번이나 그렇게 할 수 있었는가? 이것이 주님은 강하셨고 우리는 약한 이유다!

옛 선지자들의 열정적인 기도 생활을 알고 있는가? 이사야와 요엘의 외침을 들어보라.

> 너희 여호와로 기억하시게 하는 자들아 너희는 쉬지 말며 또 여호와께서 예루살렘을 세워 세상에서 찬송을 받게 하시기까지 그로 쉬지 못하시게 하라(사 62:6–7).
>
> 여호와를 섬기는 제사장들은 낭실과 제단 사이에서 울며 이르기를 여호와여 주의 백성을 불쌍히 여기소서 주의 기업을 욕되게 하여 나라들로 그들을 관할하지 못하게 하옵소서 어찌하여 이방인으로 그들의 하나님이 어디 있느냐 말하게 하겠나이까 할지어다(욜 2:17).

그들은 기도를 강권할 뿐 아니라 스스로 기도했다. 다니엘도 마찬가지였다.

> 내가 금식하며 베옷을 입고 재를 덮어쓰고 주 하나님께 기도하며 간구하기를 결심하고 내 하나님 여호와께 기도하며 자복하여 이르기를…… (단 9:3–4).

에스라 역시 어려움이 있을 때마다 강한 기도의 무기를 사용했다.

> 무릎을 꿇고 나의 하나님 여호와를 향하여 손을 들고 말하기를(스 9:5–6).

그러고 나서 에스라의 가장 위대한 기도가 이어진다. 느헤미야도 같은 방법으로 기도했다.

> 내가 이 말을 듣고 앉아서 울고 수일 동안 슬퍼하며 하늘의 하나님 앞에 금식하며 기도하여 이르되……(느 1:4–5).

초대 교회도 그랬다. 베드로가 옥에 갇혔을 때 "교회는 그를 위하여 간절히 하나님께" 빌었고 "여러 사람이 모여 기도"했다.

이제 하나님이 귀히 쓰시는 종들을 어떻게 다루셨는지에 관한 기록을 살펴보고, 그들이 좋은 결과를 얻게 된 비결을 마음에 새겨 넣자. 이 영적 거장들에게 임하여 그들로 산고를 겪게 한 기도와 간구의 영을 우리에게 허락하소서.

"1630년 6월 20일 저녁, 존 리빙스턴은 다음 날 설교를 준비하기 위해 기도하며 밤을 지냈다. 다음 날, 설교한 지 한 시간 반 정도 지났을 때 빗방울이 떨어지자 모인 사람들이 당황해했다. 그런데 리빙스턴은 그들에게 하나님의 진노를 피할 피난처가 있으니 한 시간 더 계속 하자고 말했다. 그날 그곳에서 500명이 회심하는 역사가 일어났다."

_ 쇼츠의 리빙스턴

"14년간 겨울마다 부흥한 어느 교회의 사역자가 있었다. 어떻게 부흥하는지 알 수 없었는데, 어느 날 그 교회 기도회에 참석하고 나서야 그 비결을 알 수 있었다. 그날 기도회에서 한 교인이 일어나 '형제들이여,

저는 토요일마다 한밤중에 일어나 성령께서 우리 교회에 강하게 임하시기를 늘 기도해 왔습니다. 그런데……' 라며 울기 시작하더니 '그런데 지난 두세 주 동안 기도하지 않은 것을 고백합니다' 라고 말하는 것이었다. 기도를 쉴 때, 그 비결도 사라진다. 그 사역자는 기도하는 교회를 갖고 있었던 것이다."

_ 찰스 피니

"역사하는 기도, 효력 있는 기도는 그 기도가 구하는 축복을 받는 기도다. 하나님을 움직이는 기도가 그런 기도다. 효력 있는 기도는 그 기도로 대상을 움직이게 한다."

_ 찰스 피니

"어느 마을에 여러 해 동안 부흥이 없었다. 교회는 거의 불이 꺼져 있고, 젊은이 가운데 회심한 사람을 찾아보기도 힘들었다. 황량한 분위기가 마을을 짓누르는 것 같았다.

그 마을 한 외진 곳에 나이 많은 대장장이가 살고 있었는데, 말을 더듬는 사람이어서 그가 하는 말을 알아들으려면 온 신경을 집중해야 했다. 어느 금요일, 그가 대장간에 혼자 있는데 교회 상태가 떠오르면서 마음이 몹시 안타까웠다. 그는 하던 일들을 한쪽에 밀어놓고 가게 문을 닫은 다음 오후 내내 기도하며 보냈다.

그 기도는 역사했다. 주일에 그는 목사님을 찾아가 '집회' 를 열자고 제안했다. 목사님은 잠시 머뭇거리다가 동의했다. 그러나 내키지 않는다는 듯이 사람들이 별로 모이지 않을 것이라고 덧붙였다.

같은 날 저녁, 목사님은 커다란 개인 집에서 집회를 준비했다. 저녁이 되자 그 큰 집에 수용할 수 없을 만큼 많은 사람이 모여들었다. 모인 사람들은 한참 동안 침묵을 지켰다. 그러다가 드디어 한 사람이 일어나 눈물을 흘리면서 누구든지 기도할 수 있거든 자기를 위해 기도해 달라고 요청했다. 또 한 사람이 일어나고 또 다른 사람이 일어났다. 결국 동네가 죄를 깊이 각성하기까지 이르렀다. 그런데 더 놀라운 것은 그들이 죄를 깨달은 바로 그 시각, 대장장이 노인이 자기 가게에서 기도하고 있었다는 사실이다. 그리하여 강한 부흥이 일어났다. 이렇게 말더듬이 노인의 기도는 역사했다. 그것은 마치 황태자가 하나님의 능력을 소유한 것 같았다." _찰스 피니

"'오늘 숲에 들어가서 영혼들을 위해 여러 시간 간구했다. 하나님은 그들을 주실 것이다. 난 하나님의 징조를 알고 있다. 오늘 밤에 영혼들을 주실 것이다. 주님의 뜻을 이루소서!' 밤이 왔고, 나는 전에 느끼지 못하던 능력을 느꼈다. 회개의 통곡 소리가 예배당에 가득했다. 설교가 시작되기도 전에 나는 여러 사람과 함께 무릎을 꿇고 앉아 구원을 간구하였다." _토머스 콜린즈의 회심자 가운데 한 사람

"나는 늘 가던 바위 사이의 호젓한 기도처로 갔다. 주님께 영혼을 달라고 간구하면서 많이 울었다." _토머스 콜린즈

"주일을 준비하면서 금요일에는 조용히 금식하고 묵상하고 기도하며 보냈다. 한창 설교하고 있는데, 한 사람이 울음을 터뜨렸다. 그 울음소리에 내 마음도 뒤엎어지는 것 같았다. 더 이상 설교할 수 없어서 나는 엎드려 기도했다. 통곡과 눈물이 온 교회당을 뒤덮었다. 우리는 계속 중

보 기도를 드렸고, 구원이 임했다."	_ 토머스 콜린즈

"토머스 콜린즈는 자신을 기도에 바친 사람이다. 숲이나 한적한 장소는 늘 그의 골방이 되었다. 기도하는 동안, 시간은 날아가는 듯했다. 어느 외진 바위틈에 앉아 기도했을 때, 그는 그곳에서 천국을 경험했고 의식하지도 못한 채 여러 시간을 보냈다. 그러한 성령 충만으로 그는 십자가를 담대하게 선포하는 사람이 되었고 또 그것을 기꺼이 지고 가는 사람으로 변했다."

_ 토머스 콜린즈의 생애

"큰 고통이 나를 짓눌렀다. 서재에 들어갔을 때는 내 마음이 마치 짐에 눌려 허우적거리는 것만 같았다. 나는 갈등하고 몸부림치며 안타까워했지만 하나님 앞에서 그것을 말로 표현할 수 없었다. 다만 애통하는 마음과 눈물로 애쓸 뿐이었다. 내 안에서 영혼이 말할 수 없는 고통으로 탄식하고 있었다."

_ 찰스 피니

"나는 하나님의 사역에 부흥이 오기를 간구하는 골방 기도회를 갖자고 제안했다. 새벽과 낮과 밤에 각자 골방에서 기도하되, 일주일 동안 계속 기도하고 다음에 모일 때 과연 어떤 일이 이루어졌는지 보자고 말했다. 다른 방법은 전혀 사용하지 않기로 했다. 그러자 곧 초신자들 위에 기도의 영이 놀랍도록 임했다. 이렇게 기도 기간을 정했는데 일주일이 다 지나기도 전에 어떤 사람들은 기력이 빠져 일어서지 못했다. 골방에서 무릎을 세우지 못하는 사람도 있고, 바닥에 그대로 엎드려 성령의 풍성한 임재를 위해 간구하며 몸부림치는 사람도 있었다. 성령께서 임

하셨고 한 주가 끝나기도 전에 사람들이 집회에 몰려들었다. 부흥회 때에 그러하듯이 신앙에 대한 관심이 고조된 것 같았다."

_ 찰스 피니

"아침마다 그는 종종 울어서 통통 부은 눈으로 아래층에 내려왔다. 밤새 여러 시간씩 기도하며 운 것이다. 그는 자기 염려를 늘 이렇게 말했다. '나는 마음이 상한 사람이다. 나 자신이 아니라 다른 사람들을 생각할 때 나는 불행한 사람이다. 영혼들이 구원받지 못한다면 나는 살 수 없다. 하나님이 내게 영혼의 고귀함을 보여주셨기 때문이다. 오, 주님 제게 영혼을 주소서, 아니면 죽음을 주소서.' "

_ 존 스미스의 생애

"하나님이 기도 가운데 고통하게 하셨으므로 나는 그늘 밑 시원한 바람이 부는 곳에서도 온몸이 땀에 흠뻑 젖을 때가 있었다. 내 영혼은 이 세상에서 멀리 떨어져 다만 수많은 영혼만 생각하고 있었다."

_ 데이비드 브레이너드

"오후 2-3시쯤 되었을 때, 하나님은 내가 친구들을 위한 중보 기도로 몸부림치게 하셨다. 내 영혼이 그렇게 깊은 고통에 빠진 적은 없었던 것 같다. 하나님의 은혜가 내게 활짝 열려 있었기 때문에, 아무런 제한도 느낄 수 없었다. 나는 친구들, 영혼의 수확, 가련한 많은 사람들, 그리고 하나님의 자녀들을 위해 기도로 씨름하였다. 기온이 가장 높은 한낮에 반시간 동안 씨름하였더니, 어두워질 때쯤에는 온몸이 땀으로 젖어버렸다."

_ 데이비드 브레이너드

"위로부터 능력받기를 구하며 기도하기 위해 홀로 앉았다. 기도 중에 나는 놀랍도록 확장되고, 내 영혼은 생각하지도 못할 만큼 깊어졌다. 그런 고통 가운데서 얼마나 열정적이고도 안타깝게 간구했는지, 무릎을 펴고 일어서려니 온몸에서 기운이 빠져 쓰러질 것만 같았다. 거의 똑바로 걷지도 못했고 관절에 힘이 없었다. 얼굴과 온몸에 땀이 흘러내리고 마치 온몸이 다 풀어져버리는 것 같았다." _ 데이비드 브레이너드

"설교도 기도로 해야 한다. 기도하지 않는 사람은 진심으로 설교하지도 못한다. 만일 우리가 회개와 믿음을 주시는 하나님을 이기지 못하면, 사람들을 이겨 회개하고 믿게 할 수 없다." _ 리처드 백스터

"조나단 에드워즈 교회의 몇몇 교인은 에드워즈 목사가 『진노한 하나님의 손에 붙들린 죄인들』Sinners in the Hands of an Angry God, 생명의말씀사 이라는 유명한 설교를 하기 전에 밤을 새워 기도했다. 성령께서 강하게 부어졌고, 설교하는 동안 하나님이 거룩과 위엄 가운데 임하셨다. 어떤 장로들은 교회 기둥을 부둥켜안고 통곡하면서 '주님, 우리를 구원해 주소서. 우리는 지옥으로 떨어져 내려가고 있나이다!' 하며 외치기도 했다.

거의 매일 밤 온 회중 가운데 떨림이 있었다. 20여 명의 영혼이 자유를 얻었다. 더 많은 사람을 보았어야 했는데, 간구하는 사람이 아무도 없었다. 선량한 사람은 많지만, 하나님과 더불어 씨름하는 사람은 찾을 수가 없었다. 두세 군데에서 긍휼을 구하는 기도가 있었고 몇몇 사람은 깊은 절망을 안고 돌아가 버렸다." _ 윌리엄 브람웰

"바라던 기대가 나타나지 않으면, 그는 밤낮 기도하고 울며 하나님께 간구하면서, 기도의 무릎을 일으켜 세우지 않았다. 더욱이 자기가 영혼을 건지는 위대한 일에 얼마나 부족한 사람인지를 한탄하며 하나님께 매달렸다. 그는 교회에 아무런 감동이나 움직임이 없는 것을 의식하고는 문자 그대로 고통하며 그 고귀한 영혼들을 위해 진통하다가 결국 그리스도께서 그들을 구원하시고 존귀하게 되시는 것을 보게 되었다."

_ 존 스미스의 생애

"날마다 두세 시간씩 기도한다면, 반드시 위대한 일을 하게 될 것이다."

_ 존 넬슨

"그는 밤 12시에 일어나 새벽 2시까지 하나님과 대화하고 기도했으며, 다시 2시간 잠을 자고 새벽 4시에 기상하는 것을 규칙으로 삼았다."

_ 존 넬슨의 생애

"수시로 늘 기도하라. 공부하고 책을 읽고 말을 잘해서 설교가 훌륭해도, 기도가 없으면 아무것도 아니다. 기도만이 영과 생명과 능력을 가져다준다."

_ 데이비드 스토너의 회고록

"나는 아침 5시부터 밤 10시나 11시까지 기회가 있을 때마다 기도해야 한다는 것을 알았다."

_ 윌리엄 브람웰

그렇다면 우리는 예전 선조들에게로 돌아가야 하는가? 오늘날에는 하나님이 이러한 짐을 지우기 원하는 사람이 없단 말인가? 이 세대에서는 신실하게 믿으며, 고통하고, 역사하는 기도의 응답을 통한 부흥을 볼 수 없단 말인가? "주님, 우리에게 기도의 **방법**이 아니라 **기도**를 가르쳐 주소서!"

부흥의 하나님, 우리에게 임하소서.
당신의 이름을 부릅니다.
우리 죄를 사하시고 기도 들어주시어
축복의 단비를 오늘 베풀어주소서.

부흥의 하나님, 우리 마음을 살피소서.
우리를 정결케 하소서.
내 안의 온갖 찌꺼기를 태우시고 깨끗하게 해주옵소서.
주님, 우리 모든 죄를 씻어주옵소서.

부흥의 하나님, 우리로 하나 되게 하소서.
당신과 동역하게 하소서.
끝까지 기도하도록 도와주시고
당신의 능력을 목도하게 하소서.

부흥의 하나님, 거룩하신 사랑과
당신의 기쁨으로 우리를 소생시키시고,
예전에 부은 성령, 오늘도 주셔서
우리 마음을 다시 한 번 불붙게 하소서.

부흥의 하나님, 우리를 구원하소서.
죄인이 죽는 것을 두고 보시나이까?
당신의 증인으로 우리를 세워주소서.
주 앞에 겸손하게 눈물로 빕니다.

오스왈드 스미스

4장

위로부터 오는 능력

성령께서는 사도 시대와 마찬가지로 오늘날에도 말씀이 성공적으로 역사하게 하실 수 있다. 한두 명씩 구원하시기도 하지만 수백 수천의 영혼을 건지실 수 있다. 우리가 초대 교회 시대만큼 강력하게 협동하지 못하는 이유는, 우리 안에 능력과 힘이 되시는 성령을 충만히 모시지 못하고 있기 때문이다.

> 만일 성령께서 능력으로 우리의 사역을 인 치신다면, 재능은 별로 문제가 되지 않는다. 가난하고 배우지 못하고 말이 시원치 않고 앞뒤가 잘 맞지 않는다 해도 만일 성령께서 능력으로 함께하신다면, 가장 많이 배우고 가장 유창한 설교를 하는 사람보다도 그 가장 미천한 전도자가 더 성공적으로 역사할 수 있다.
>
> 시대를 압도하는 것은 재능이 아니라 하나님에게서 오는 특별한 능력이다. 우리에게 필요한 것은 특별한 지력이 아니라 특별한 영적 기름 부음

이다. 지식은 예배당을 채우지만, 영력靈力은 갈급한 사람들로 교회를 채운다. 지력은 큰 회중을 모을 수 있지만, 영력만이 영혼을 구원하는 것이다. 우리에게 필요한 것은 바로 이 영력이다.

_ 찰스 스펄전

성령이 없으면 말의 지혜는 있어도 하나님의 지혜가 없고, 언변의 능력은 있어도 하나님의 능력은 없으며, 논리의 전개와 학자의 이론은 있어도 다메섹 도상에서 사울을 변화시킨 하나님의 우레 같은 섬광이 나타나 이론을 파하는 성령의 현현은 없다. 성령이 임하자 제자들이 위로부터 능력을 받고, 배우지 못한 자들의 혀가 달변가의 입을 막았다. 그 새로운 불길은 강한 바람이 숲을 태우듯, 모든 장애물을 태워버리고 말았다.

_ 아더 피어선

복음 사역자들은 성령의 능력을 반드시 소유해야 한다. 사역을 온전히 성취하려면 방도가 없기 때문이다. 어떤 사람도 자기 자신의 타고난 재주나 능력, 배워서 익힌 지식이나 기술로는 절대 하나님의 일을 할 수 없다. 오직 성령의 능력으로만 가능하다. 여러 가지 성취력과 능력이 있다 해도 하나님의 능력을 부여받지 못하면 결국 완전히 부족한 상태인 것이다. 그래서 제자들도 이 능력을 받기까지 조용히 침묵을 지키고 있었다. 성령의 약속을 받기까지, 그들은 예루살렘에서 기다리고 있었으며 그때까지는 설교하지 않았다.

이러한 성령의 능력이 없는 것은, 곧 아무런 힘도 없다는 뜻이다. 그러므로 땅에 속한, 능력 없는 복음 사역자는 하늘에 속한 능력이 필요하며, 육체적인 힘이 없는 사람은 영적인 힘이 필요하고, 사람에게서나 아래에서 주는 능력이 없는 자는 하나님에게서와 위에서 주는 능력이 필요하다. 이것이 곧 성령의 능력이다. 이것이 없으면 아무 힘도 없는 것과 같다.

_ 윌리엄 델

오늘날에는 누가 이런 기름 부으심을 받았는가? 누가 이것을 체험했는가? 성령의 능력은 우리에게 약속되어 있다. 우리는 성령의 능력이 절대로 필요한데도 그 능력 없이 일하고 있다. 마치 밤새도록 일했지만 아무것도 잡지 못한 제자들처럼 육체로 일하고 있는 것이다. 바로 우리가 그렇게 되고 말 것이다. 성령 안에서 행한 한 시간의 일이 육신적으로 행한 1년의 일보다 크고 귀하다. 그리고 그때 열매가 맺힌다.

살리는 것은 영이니 육은 무익하니라(요 6:63).
육으로 난 것은 육이요 영으로 난 것은 영이니(요 3:6).

우리가 원하는 것은 흠 없이 정결한 금 같은 성령의 열매이지, 그 이하의 것이 아니다. 나중에 부서져버리는 것이 아니라 사탄과 영원의 시험에도 영원히 견디는 진정한 것을 원한다. 우리는 이러한 종류의 열매를 맺고 있는가? 죄를 깊이 깨우치고, 여러 사람이 하나님의 자녀가 누리는 영광스런 자유 가운데로 들어오고 있는가?

우리는 이 능력을 받았는가? "받았다고 말하거나" 그렇다고 여기는 것이 아니라, 실제로 경험했는지 묻는 것이다. 열매가 없다면 확실하게 경험하지 못한 것이다. 성령으로 충만해지면, 성령의 열매가 나타나게 마련이다. 집회 시 사람들은 마음이 찢어지고, 죄 때문에 하나님께 흐느낀다. 우리가 성령의 부으심을 믿는다면, 열매를 확인하도록 하자. "너희가 권능을 받고." 베드로가 그 능력을 받았을 때 3,000명이 구원받았다. 또한 존 스미스, 사무엘 모리스Samuel Morris, 찰스 피니 등 여러 사람에게도 마찬가지로 열매가 나타났다. 이것이 증거이자 시험이다. 이것밖에 없다. 만일 내가 하나님의 사람으로 위로부터 오는 능력을 받은 자라면, 내 설교를 듣는 사람들이 가슴을 치며 회개할 것이다. 그렇지만 그런 사람이 아니라면 평범한 것 말고는 아무 일도 일어나지 않으리라. 모든 설교자에게 이것이 엄격한 시금석이 되게 하자. 이것으로 말미암아 설 수도 있지만 넘어지기도 한다.

"1821년 10월 10일 아침, 나는 놀랍게 회심했다"고 찰스 피니는 간증한다.

> 바로 그날 저녁, 나는 성령의 넘치는 세례를 받았는데 마치 몸과 영혼을 관통하는 것 같았다. 내게 위로부터 능력이 임했다는 것을 알았다. 몇 마디 말만 해도, 사람들이 즉각 회개하는 역사가 일어나기 시작했다. 내 말은 마치 영혼을 낚아채는 낚싯바늘과 같은 힘이 있었다. 또 칼처럼 쪼개는 힘이 있었다. 마치 망치처럼 사람들의 심장을 부수었다. 많은 사람이 무릎을 꿇었다. 어떤 때에는 나 자신도 의식하지 못한 말이 듣는 사람의 마음을 찔러 거의 즉각 회심하게 된 일도 있었다. 그렇지만 어떤 때에는 이런 능력이 전혀 없고 공허해진 자신을 발견하기도 한다. 사람들을 찾아 나서기도 하지만, 전혀 구원하는 감동을 주지 못하는 자신을 본다. 똑같은 결과를 얻고자, 힘을 돋우고 기도도 한다. 그러고는 하루를 내어 금

식하면서 조용히 기도하는 시간을 갖고 내게서 능력이 떠나간 사실을 두려워하며, 왜 그런 공허가 왔는지 알기 위해 간절히 기도한다. 자신을 낮추고 도움을 간구하면, 하나님은 늘 새로운 능력으로 다시 한 번 충만하게 해주신다. 이것이 바로 내 생애에서 겪은 경험이다.

이 능력은 위대한 신비다. 나는 사람들이 말씀을 견디지 못하는 것을 여러 차례 보았다. 지극히 간단하고 평범한 말인데도 그 말은 칼처럼 그들의 마음을 찔렀고, 모든 힘이 빠져 거의 죽은 사람처럼 무기력해졌다. 나 자신에게도 그런 경험이 여러 차례 있었다. 말을 할 수 없거나 쥐 죽은 듯한 소리 말고는 기도나 권면의 말 한 마디도 할 수 없던 때가 있었다. 이런 능력은 종종 중책을 맡은 사람의 기분을 압도하는 것 같다.

한 집단에 속한 여러 사람이 이 능력으로 옷 입게 되는 일은 하나님의 생명이 가득 찬 분위기에서 흔하게 나타난다. 그런 곳에서는 처음 들어오거나 지나가는 사람들까지 즉각 죄를 깨닫고 그리스도께 돌아오는 경우가 많다. 그리스도인들이 겸비하고 그리스도께 새롭게 헌신하며 이 능력을 간구할 때에 그렇게 충만해지는 것이 보통이다. 그런 사람들은 그 전에 평생토록 수고한 것보다 그 후 하루 동안 더 많은 영혼을 회심시키는 도구가 될 것이다. 그리스도인이 겸손하여 이런 능력을 계속 유지한다면 회개의 역사는 계속될 것이며, 결국 온 동네와 지역이 그리스도께 돌아오게 된다. 이것은 전도 사역에서도 마찬가지다.

지난날의 고통하는 영혼, 상처받은 양심, 잠 못 이룬 밤들, 통곡과 눈물, 심각한 죄의 각성, 잃어버린 사람들을 향한 흐느낌은 이제 다 어디로 갔는가? 우리는 이 세대에서 이런 것을 듣고 봐야 하지 않는가?

누구의 잘못인가? 듣는 사람의 잘못인가? 듣는 사람의 완악함 때문이라고 변명하겠는가? 허물이 거기에 있는가? 아니다. 잘못은 우리에게 있고 우리가 책망을 받아야 한다. 우리가 마땅히 되어야 할 사람이 되고 있어야 할 곳에 있다면, 옛날과 마찬가지로 오늘날에도 표적은 나타날 것이다. 우리는 실패, 곧 사람들을 감동시키지 못하는 설교를 하면, 무릎을 꿇고 깊이 마음을 감찰하며 겸손하게 낮아져야 한다. 결코 다른 사람들을 책망하지 말라. 우리 교회가 차디차고 반응이 없다면, 그것은 우리가 차가워졌기 때문이다. 그 목사에 그 교인이다!

간증을 잃었거나 사역에서 성령의 능력을 전혀 경험해 보지 못한 사람이 얼마나 많은지! 그들의 봉사는 힘이 없고 그들의 증거는 무력하고 공허하여 하나님을 위해서 하는 일이 거의 없거나 실제로 아무것도 이루지 못하고 있다. 종종 활발하게 움직이거나 행할 때도 있지만 단지 육신의 에너지에 의존할 뿐, 영적인 결과는 아무것도 없다. 영혼들이 구원받지도 못할 뿐 아니라, 믿는 사람들이 성결해지고 믿음 안에 굳건히 서지도 못한다. 설교에는 아무런 열매가 없고, 그 사역은 비참하리만큼 실패작이 된다. 얼마나 가슴 아픈 경험인가?

그러나 하나님께 감사하자. 우리는 그렇게 될 필요가 없다. 주님이 "너희가 능력을 받으리라"라고 약속하셨고 "위로부터 능력을 입기까지 머물러 있으라"고 명령하셨기 때문이다.

사도행전 1장 8절을 문자 그대로 읽으면 "너희는 위로부터 내리는 성령의 능력을 받을 것이다"라고 할 수 있다. 그러므로 능력의 기름 부음이나 부여賦與는 성령께서 믿는 자 위에 내리시며 봉사를 위해 구비시켜 주실 때 나타나는 결과다.

그러한 기름 부음은 오직 깊이 진통하는 기도로 부르짖는 영혼만이 받을 수 있다. 영혼들을 위해 밤낮으로 고통하는 마음, 데이비드 브레이너드의 생애 가운데 보이는 오랜 중보 기도, 존 스미스가 자주 그랬듯이 온몸이 땀으로 흠뻑 젖도록 어둠의 영적 권세에 대항하여 강하게 씨름하는 것 등은 오늘날의 가르침보다 훨씬 앞선 것이다. 그 길만이 열매를 맺을 수 있으며, 그것이 우리가 말하는 큰일을 하는 비결이다.

이렇게 역사하는 기도를 여러 시간 한 후에야 우리는 기름 부음 가운데서 가공할 만한 효력이 있는 성령의 검을 휘두르기 위해 일터로 나갈 수 있다. 기도가 비결이다. 달리 대신할 것이 없다. 그리고 각각 특별한 일을 위해서는 저마다 그에 맞는 기름 부음이 필요하다. 그것은 단순히 순종하고 믿는 문제가 아니다. 여기서 언급하고 있는 영광스런 초자연적 결과는 절대로 간단히 얻어지는 것이 아니다. 대가를 치러야 한다. 그것도 상당히 큰 대가다.

> "마음을 같이하여 오로지 기도에 힘쓰더라"(행 1:14). 진지한 기도, 연합된 기도, 끈기 있는 기도가 곧 그 조건이며, 이런 것이 만족될 때 우리는 확실하게 "위로부터 능력을 받게" 된다. 어쩌다 한 번 깨어 간구한다고 해서 그 능력이 임하리라고 기대해서는 안 된다. 또 어떤 그리스도인 단체도 중보 기도로 준비되어 있지 않고 "마음을 같이하여" 다 같이 기다리며 기도하지 않는다면 성령의 위대한 임재를 기대할 자격이 없다.
> 은혜의 보좌 앞에서 기다려야만 거룩한 불을 받을 수 있다. 그 앞에서 오래도록 믿음으로 기다리는 자만이 그 불을 흡수할 수 있으며, 그가 경험한 것을 나타내고 하나님과 더불어 교제하며 나아갈 수 있다. 믿는 각 사

람, 더욱이 주님의 포도원에 있는 일꾼으로서 영적인 능력을 얻는 유일한 길은 충만을 위해 하나님 보좌 앞에서 은밀하게 기다리는 것이다.

그리고 당신의 영혼이 하나님의 불로 충만해지고 당신에게 가까이 나아오는 자들이 당신에게서 신비한 영향력을 느낀다면, 당신은 불의 근원, 곧 하나님과 어린양의 보좌에 그들을 가까이 이끌고, 이 싸늘한 세상, 즉 우리의 불길을 순식간에 꺼버리는 이 세상에서 당신 자신을 보호해야 한다. 골방에 들어가 문을 잠그고 고요히 그 보좌 앞에서 성령의 충만을 기다리라. 그리하면 불이 내리리라. 그리고 거기서 나올 때에는 거룩한 능력이 함께 나오며, 이제는 자신의 힘이 아닌 "성령의 나타나심과 능력"으로 일하게 될 것이다.

_ 윌리엄 아서

사실은 그렇지 않으면서도 스스로 기름 부음을 받았다고 생각하는 잘못된 경험도 많다. 잘못된 경험이라고 말할 수 있는 근거는 증거가 결여되어 있기 때문이다. 그들이 진정으로 기름 부음을 받았다면 참으로 그 경험을 한 사람들이 목격한 것과 같은 일들이 일어나야 할 것이다. 여러 집회에서 많은 사람이 받았다는 성령 세례와 성령 충만이 진정한 것이라면 온 나라가 온통 성령의 불바다가 되었을 것이다. 아니, 단 한두 사람이라도 성령의 부으심을 받는다면 원근 마을에 강력한 부흥이 일어나 휩쓸 것이고, 수많은 사람이 죄를 깨닫고 회개하며 용서를 빌 것이다. 기름 부음의 증거는 그 열매다. 엘리야의 성령이 엘리사에게 임한 증거는 엘리사가 요단강 물을 쳤을 때, 엘리야가 그랬듯 강물이 갈라진 사실로 알 수 있다.

그런데 그것을 얻기가 왜 그리 어려운가? 하나님이 육체 위에 그분의 영을 붓지 않으려고 하시기 때문이다. 하나님은 먼저 우리 안에서 역사하시는데, 보통 그것은 상당히 긴 시간이 걸린다. 우리가 주님이 원하는 대로 하시도록 허락해 드리지 않기 때문이다. 우리 자신의 이름을 내밀고 칭찬을 좋아하는 등의 많은 장애물 때문에 하나님의 길이 자꾸 막혀 버린다. 하나님은 우리를 억지로 겸손하게 하지 않으신다. 순복하지 않으려는 우리 고집 때문에 하나님은 우리 마음을 쪼개실 수가 없다.

또한 하나님은 우리에게 큰 영예를 맡기실 수가 없다. 그러면 우리가 곧 파선하리라는 것을 알고 계시기 때문이다. 한때는 강력한 부흥에 크게 쓰였던 사람, 성령의 기름을 받아 영혼을 수백 명씩 하나님께 인도하던 사람들이 모든 축복을 상실하고 육체를 따라 일하며 별로 얻는 것이 없는 서글프고 애처로운 경우가 있다는 것을 기억하라! 그들은 그것을 지나치게 경솔히 생각했고, 자꾸 부풀어 교만해졌다. 그러는 사이에 작은 죄들이 스며들어 성령을 슬프시게 했다. 그런 사람들은 옛날 삼손처럼 힘의 근원을 잃은 자신을 보게 된다. 한때는 그들이 설교하면, 사람들이 마음 깊이 찔려 회개하며 통곡했다. 이제는 아무리 애걸하고 간청해도 그들의 집회는 죽은 듯 냉랭하다. 몇몇 영혼이 반응을 보이기도 하지만 그마저도 성령의 열매는 아니다.

성령의 능력을 받은 사람들의 간증을 들으면 그런 경험이 사실이라는 것을 확신하게 될 것이다. 만일 하나님이 한두 사람이나 열두 명에게 주실 수 있었다면 우리에게도 주실 수 있다. 이반 로버츠는 이렇게 썼다.

나는 13년 동안이나 성령을 위해 기도했다. 내가 기도하게 된 것도 이 때문이다. 윌리엄 데이비스 집사가 어느 날 밤 "신실해야 합니다. 성령께서 임하셨을 때 그 자리에 당신이 없으면 어떻게 합니까? 도마를 기억합시다! 얼마나 큰 손해입니까!"라고 했다.

나는 속으로 '반드시 성령을 받으리라' 고 생각했다. 날씨가 어떠하든, 어떤 곤란한 일이 있든 집회에 참석했다. 종종 바닷가에서 뛰노는 아이들을 보면 나도 뛰어나가고 싶었다. 그렇지만 나는 스스로 "네 결심을 기억하라"고 말하며 계속 기도했다. 나는 부흥을 위해 10-11년간 기도하면서 신실하게 기도회에 참석했다. 나를 그렇게 생각하도록 감동시키신 분은 바로 성령이시다.

어느 아침 집회에 로버츠가 참석하고 있었는데, 전도자가 주님이 "우리를 굴복시키려 한다"고 호소하는 말을 들었다. 그때 성령께서 로버츠에게 "네게 필요한 것이 바로 굴복하는 것이다"라고 말씀하시는 것 같았다. 그는 자신의 경험을 다음과 같이 묘사했다.

어떤 살아 있는 능력이 내 가슴에 들어오는 것 같았다. 그것이 점차 커져서 내 심장이 거의 터질 듯했다. 내 가슴이 끓고 있었다. 내 가슴에 끓어오르던 구절은 "하나님께서 자기의 사랑을 확증하셨느니라"였다. 나는 앞에 있는 의자를 붙잡은 채 무릎을 꿇었다. 눈물과 땀이 마구 흘러내렸다. 마치 피가 솟구쳐 흐르는 것 같았다.

어떤 친구가 다가와서 얼굴의 땀을 닦아주었다. 그래도 그는 큰 소리로 기도하면서 "주여, 저를 꺾으시고 굴복시키소서!"라고 외쳤다. 그때 갑자기 영광이 나타났다. 로버츠는 또 이렇게 간증한다.

> 내가 완전히 거꾸러진 다음에 놀라운 평안이 흘러 들어왔으며, 회중은 "내 주의 보혈은"이라는 찬송을 불렀다. 그리고 사람들이 찬송을 부르는 동안 나는 앞으로 다가올 심판 날에 많은 사람이 거꾸러질 것을 생각하며, 그들에 대한 깊은 연민으로 울음을 멈출 수가 없었다.
>
> 그 후로 내 마음은 영혼 구원에 심각한 부담을 갖게 되었다. 그날 이후로는 불타는 마음으로 웨일즈 지방을 다녔다. 그 지방을 순회할 수만 있다면 하나님께 무엇이든지 희생하고 싶은 마음이 생겼다.

이것이 곧 위대한 웨일즈 부흥에서 하나님의 아름다운 도구로 쓰인 이반 로버츠의 경험이다. 이제는 존 웨슬리와 크리스마스 에반즈 Christmas Evans의 간증을 들어보자.

> 새벽 3시쯤, 우리가 간절히 기도하고 있을 때에 하나님의 능력이 우리에게 강력하게 임하여, 많은 사람이 넘치는 기쁨으로 환호성을 올리거나 바닥에 엎드러졌다. 우리는 그 놀라움과 경이로운 하나님의 임재에서 조금 정신을 차린 다음, 한 음성으로 "오, 하나님, 당신을 찬양합니다. 당신만이 우리의 주님이신 것을 고백합니다"라고 외쳤다.
>
> _ 존 웨슬리

> 내 마음은 그리스도와 그분의 희생, 성령의 역사에 대해 냉랭하고 귀찮아했다. 강단에서도, 기도할 때에도, 공부할 때에도 내 마음은 싸늘했다.

15년 전만 해도 내 마음은 예수님과 함께 엠마오로 내려가는 것처럼 불타고 있었는데…….

그날은 결코 잊지 못할 날이다. 캐더 이드리스를 향해 언덕을 걸어 올라가면서, 나는 내 마음이 아무리 완악하고 내 영혼이 아무리 세속적이라 해도 기도해야 한다는 의무감 같은 것을 느끼고 있었다. 예수님의 이름으로 기도를 시작했는데, 곧 나를 얽어맨 사슬이 풀어지고 딱딱하던 마음이 부드러워지는 것을 느낄 수 있었다. 마치 찬 서리와 눈 덮인 산이 내 속에서 녹아 흘러내리는 것 같았다.

이 경험으로 나는 마음속에서 성령의 약속을 확신했다. 온 영혼이 거대한 사슬에서 풀려나는 것 같고, 눈물이 펑펑 쏟아지며, 내 영혼을 위해 구원의 기쁨을 회복시켜주신 하나님의 은혜로운 임재를 소리 높여 외치지 않을 수 없었다. 또한 하나님이 모든 성도의 교회를 찾아주시고, 그 이름으로 기도하는 모든 나라의 지도자들에게 찾아가 주시기를 간구했다.

이 고통은 세 시간이나 계속되었다. 마치 강한 바람에 밀리는 큰 파도처럼, 한 번 밀려 왔다가 잠시 후에 또 밀려와 내 온몸이 울음과 외침으로 기진할 것 같았다. 그래서 나는 온몸과 마음과 재능과 수고를 하나님께 드리고, 남은 생애의 모든 날, 모든 시간도 전부 드리게 되었다.

_ 크리스마스 에반즈

새로운 영, "속사람의 힘"으로 강해진 에반즈는 새로운 열정과 능력으로 일했고, 그런 그의 수고 위에 새롭고 순전한 축복이 내렸다. 2년이 지나자 앵글 시의 설교 장소가 10군데에서 20군데로 늘었고, 600명의 회심자가 교회에 들어와 그의 목양 대상이 된 것이다.

성령의 강력한 능력을 위해,
위로부터 거룩한 부으심을 주소서!
은혜의 천국 단비를 위해,
하나님의 사랑이 충만하게 하소서!

오직 이것이 우리의 필요,
아무것도 이보다 급한 것 없네.
이제 주께 구하오니 부으소서.
그것만이 우리에게 필요합니다.

하나님께 지은 죄 고백합니다.
우리의 모든 것 다 드립니다.
우리 축복하심 확실히 믿으니
당신의 이름으로 간구합니다.

우리를 다 드려 주께 기도합니다.
하나님 우리와 만나주소서.
우리 맘이 주 앞에 준비되게 하시고,
우리 속에 당신의 일 온전하게 하소서.

갈보리 언덕으로 이제 돌아갑니다.
비탄의 짐을 진 무거운 맘으로
우리의 제목은 당신의 구원,
이 땅이 천국 되게 허락해 주소서.

오스왈드 스미스

5장

죄의 각성

과거 위대한 부흥을 볼 때면 언제나 분명하게 나타나는 한 가지가 있다. 바로 죄에 대한 진지하고도 심각한 각성이다. 그리고 오늘날에는 이 중요한 요소가 결여되었다.

죄를 진정으로 깨달으면, 결코 육신적인 방법으로 촉구하거나 달래거나 강권하지 않아도 된다. 죄인들이 강요받지 않아도 와야 하기 때문에 온다. 다른 길이 없기 때문에 오는 것이다. 집회에서 집으로 돌아간 사람들은 심각한 죄를 자각했기 때문에 먹을 수도 잠잘 수도 없다. 그러나 이런 것에서 풀려나오도록 위로하거나 권고할 필요는 없다.

집회에 가보면, 전도자가 사람들에게 예수님을 영접하라고 말한다. 물론 그것이 옳다. 그렇지만 우리는 죄인들이 그리스도께 통회하면서 영접해 달라고 간구하는 소리를 들을 수 있어야 한다! 오늘날에는 사람들이 냉랭하고 형식적이며 거래하는 듯한 방식으로 구원을 받아, 마치 자신들이 하나님의 구속을 받아들이는 호의를 베푸는 것처럼 보인다.

눈물은 말랐고 죄의식이 없다. 회개와 뉘우침의 표시도 없다. 사람들은 그렇게 하는 것을 남자다운 일이라고 말한다. 그렇지만 죄를 진정으로 깨닫는다면, 정말 마음이 수그러져 상하고 회개하는 마음이 있다면, 죄에 눌려 안타까운 부르짖음이 있을 것이다. "주여, 불쌍히 여기소서. 저는 죄인입니다!"라며 안타깝게 간청하고, 빌립보 감옥의 간수처럼 생사 문제를 놓고 "내가 어떻게 하여야 구원을 얻으리이까?"라고 물을 것이다. 그런 그들이 어떤 회심자가 될지 상상이 되는가!

성령의 열매를 얻으려면, 하나님이 땅을 마련하셔야 한다. 성령께서 죄를 깨닫게 하셔야 비로소 사람이 믿을 수 있다. 하나님이 사람들 마음 속에서 역사하실 때 믿으라고 말하는 것은 옳지만 먼저 그들이 자신의 부족함을 느껴야 한다. "주 예수를 믿으라 그리하면 네가 구원을 받으리라"고 말하기 전에 하나님의 성령께서 그분의 일을 하시도록 기다리자. 빌립보 감옥의 간수처럼 먼저 죄를 깨우쳤는지 보아야 한다. 그리고 그 영혼의 고통이 심각하여 큰소리로 "내가 어떻게 하여야 구원을 얻으리이까?" 하는 간구가 나올 때, 비로소 그가 예수 그리스도를 믿을 준비가 되었다는 것을 알 수 있다.

> 오늘날 굉장히 널리 퍼진 다른 복음이 하나 있다. 바로 구원받는 요건 가운데서 죄의 깨달음과 회개를 제외시킨 것이다. 그리스도를 모르는 죄인들에게 범죄와 허물이 있다는 것을 지식적으로 인정하게 하고, 그리스도께서 구속하신 사실과 충만함에 동의하게 한다. 그리고 그렇게 수긍하면 이제 주 예수께서 그의 영혼과 하나님의 관계를 올바르게 해주셨다고 말하고 평안히 돌아가 그런 확신 가운데서 기뻐하라고 이야기한

다. 그래서 실제로는 평안이 없으면서도 평안하다, 평안하다 하고 외치게 되는 것이다.

이런 얄팍하고 거짓된 회심 때문에 그리스도인이라고 자처하는 많은 사람이 형편없는 행동과 세속적이고 추한 범죄로 하나님과 교회를 욕되게 한다. 죄를 슬퍼하기 전에 먼저 죄를 느껴야 한다. 죄인은 위로받기 전에 죄에 대한 비참함을 보아야 한다. 참된 회심이 오늘날 가장 결여되어 있다. 교회가 몽롱한 상태를 떨쳐버리고 하나님의 능력을 붙잡으며 예전 능력을 다시 갖게 될 때, 참된 회심이 다시 일어날 것이다. 그러면 옛날처럼 죄인들이 여호와의 두려움 앞에서 떨 것이다.

_ 제이 로드

아프지도 않은데 의사를 찾으려고 하겠는가? 건강하고 튼튼한 사람을 독촉하여 병원에 보내는 사람이 있는가? 수영을 잘하는 사람이 바닷가에 서 있는 사람들에게 구해달라고 소리치겠는가? 그럴 리가 없다! 그렇지만 질병을 얻어 고통스러울 때 우리는 의사를 찾는다. 치료가 필요하다는 것을 알기 때문이다. 바닷물에 빠져 가라앉으며 익사할 위험이 있을 때, 우리는 부리나케 도움을 구한다. 우리 자신이 밑으로 빠져들어 누군가가 구해 주지 않으면 안 되는 상황일 때, 공포에 질린 우리는 죽음까지 생각하게 된다!

멸망하는 영혼도 마찬가지다. 버려진 자기 상태를 깨달은 사람은 심각한 고통 가운데서 "내가 어떻게 하여야 구원을 얻으리이까?" 하고 울부짖게 된다. 그에게는 어떤 촉구나 충동도 필요하지 않다. 그 자체가 그에게 생사가 달린 문제이기 때문이다. 구원받기 위해서는 무슨 일이라도 할 것이다.

바로 이런 깊은 각성이 없기 때문에 거짓 부흥이 일어나고 일을 망쳐 버리는 것이다. 손을 들고 강단으로 나아가 결신 카드에 이름을 적는 것과, 참으로 구원받는 것은 별개다. 그 일이 영속적이려면, 영혼이 선명하고도 계속적인 자유를 누려야 한다. 한 집회의 흥분 속에서 수백 명이 회심했다고 말하기는 쉽지만, 그로부터 5년이 지난 후에도 그들이 여전히 훌륭한 신앙인으로 남아 있기란 결코 쉽지 않다.

존 번연은 그것을 잘 이해했다. 그래서 그는 등에 커다란 죄 짐을 진 "크리스천"이 십자가 밑에 와서야 비로소 그 짐을 벗어버리는 것으로 그의 영혼을 묘사한 것이다.

하나님은 그분의 말씀을 중요하게 여기신다. 그래서 말씀을 "불", "방망이", "칼"이라고 하신다. 불은 태우며, 방망이를 휘두르면 깨지고, 칼에 찔리면 고통스럽다. 성령의 부으심의 능력 가운데서 하나님 말씀이 선포되면, 똑같은 결과를 가져온다. 불같이 태우고, 방망이처럼 부수며, 칼처럼 날카롭게 찌른다. 영적 또는 정신적 고통도 신체적 고통만큼이나 아프고 사실적이다. 만일 그렇지 않다면, 설교자나 메시지가 무엇인가 잘못된 것이다.

"어느 날 끔찍한 죄를 지은 사람이 체포되었는데, 어떤 공의로운 전도자가 성령의 말씀으로 '당신이 범인이오' 라며 양심을 깊이 찔렀다면, 그의 얼굴이 창백해지고 음성이 떨리며 몸을 떠는 등 그의 고통과 절망이 온갖 증세로 나타나는 것이 아마 지극히 당연할 것이다. 왕궁분벽에 사람 손이 나타나 글씨 쓰는 것을 보았을 때, 교만한 바벨론 통치자인

벨사살 왕은 '즐기던 얼굴빛이 변하고 그 생각이 번민하여 넓적다리 마디가 녹는 듯하고 그의 무릎이 서로 부딪친지라' (단 5:6)고 했다. 그런 반응은 결코 이상할 것이 없는 사실이다. 그런데 하나님의 성령에 의해, 깊이 자신을 깨달은 죄인이 자기 죄의 비참함을 보고 불타는 못에 떨어져버릴 위험의 순간을 의식하면서 지옥이 자기를 받아 삼키는 것을 상상하고 절망과 마음속의 고통을 밖으로 드러내는 모습을 목격하는 것이 어째서 이상하거나 자연스럽지 못하다고 생각하는가?"

_ 윌리엄 브람웰의 회고록

"한창 설교하고 있는데, 어떤 사람이 통곡을 했다. 울음과 눈물이 온 예배당에 가득 차는 바람에 더 이상 설교할 수가 없어서, 나는 엎드려 기도했다."

_ 토머스 콜린즈

"방관하고 있던 한 퀘이커교도는 이 사람들의 위선을 매우 불쾌하게 여겼다. 그는 입술을 깨물고 눈살을 찌푸렸는데, 갑자기 벼락 치듯이 자빠지고 말았다. 그의 고뇌는 차마 쳐다보기조차 끔찍할 정도였다. 우리는 하나님이 그에게 어리석음을 깨우쳐주시길 기도했다. 그러자 곧 그가 머리를 들고는 '주여, 이제야 알겠습니다. 당신이 주의 선지자이십니다' 하고 큰소리로 외쳤다."

_ 존 웨슬리

"J. H.는 평범하게 살아가고 대화하며, 공중예배와 성례에 늘 참여하고, 교회에 열성적이며, 교단을 반대하는 자를 반박하는 사람이었다. 그는 모임에 있는 사람들이 이상한 행동을 하고 있다는 말을 전해 듣고 직접 보고 판단하려고 왔다.

우리가 집으로 가는 도중 한 사람을 만나 이야기를 들으니, J. H.가 넘어져 광란적으로 되었다고 했다. 저녁 식사를 하려고 식탁에 앉은 그는 우선 『믿음에 의한 구원』이라는 설교집을 읽어야겠다고 생각한 것 같았다. 그런데 마지막 페이지를 읽다가 갑자기 안색이 변하면서 의자에서 떨어지더니 몸을 땅에 부딪치면서 큰소리로 통곡하며 우는 것이었다.

놀란 이웃 사람들이 모두 그 집에 모여들었다. 내가 들어간 것은 1–2시쯤이었는데, 그는 마룻바닥에 있고 그의 아내는 밖에 있어야 했다. 방에 사람이 가득 찼기 때문이다. 그는 큰소리로 '모두 들어오게 하시오. 온 세상이 하나님의 심판을 보게 하시오' 하고 소리쳤다. 두세 사람이 그를 붙잡고 있었는데, 그가 갑자기 나를 똑바로 쳐다보더니 손을 내밀어 '나는 이 사람에게 사람을 기만했다고 말했소. 그런데 하나님이 나를 덮치셨소. 난 그것이 모두 기만이라고 말했지만 이것은 절대 기만이 아니오' 라고 말했다.

우리는 모두 기도했다. 마침내 그의 고통은 그치고 몸과 영혼이 모두 자유로워졌다."

_ 존 웨슬리

"하나님의 능력이 급하고 강한 바람처럼 회중 위에 내리는 것 같았다. 모든 사람이 그 앞에서 놀라 엎드러지고 말았다. 나는 그 영향에 놀라 그저 서 있었는데, 모든 사람이 다 사로잡힌 것 같았다. 마치 앞에 무엇이 있든 다 쓰러뜨리고 휩쓸어버리는 강한 폭풍과 저항할 수 없는 엄청난 대홍수의 큰 힘과 비교할 만했다. 모든 연령층의 사람들이 서로에게 관심을 보이며 귀를 기울였고, 그 놀라운 사실의 충격을 견딜 수 있는 사람이 없었다. 중년층은 물론이고, 여러 해 동안 술꾼으로 지낸 나이 많은 사람들과 6–7세밖에 안 된 조그만 아이들까지도 자기 영혼에 대해 깊이 고뇌하고 있었다.

가장 고집 센 사람이 수그러지고 있었다. 그전만 해도 스스로 의롭고 안전하다고 자랑하며, 어떤 인디언보다 아는 것이 많고, 자신도 과거에는 10여 년간 그리스도인으로 살았다고 자신만만하게 말하며, 자기 상태는 양호하다고 호언장담하던 인디언 추장이 이제 와서 자기 영혼의 상태를 보고 심각하게 염려하며 쓴 눈물을 흘리고 있었다. 또 다른 사람은 나이가 든 사람으로 살인자에 마술사에다가 악명 높은 술주정뱅이였다. 그는 눈물을 펑펑 쏟으며 용서를 구하고, 자신이 처한 위태로운 처지를 볼 때 어떻게 염려하지 않을 수 있겠느냐며 오히려 투덜거렸다.

집 구석구석에서 사람들이 기도하며 하나님의 긍휼을 구했다. 문 밖에서도 여러 사람이 가지도, 서 있지도 못할 정도였다. 사람들마다 자기 영혼을 심각하게 염려하고, 주위에 있는 사람들을 전혀 의식하지 않고 저마다 자신을 위해 기도했다."

_ 데이비드 브레이너드

"예배당은 초만원이었다. '살았고 운동력이 있어' 여러 사람이 '마음의 찔림을 받고' 죄를 깊이 깨달아 큰소리로 울며 긍휼을 구했다. 설교 후에는 기도회가 있었다. 밤이 깊었어도 죄를 뉘우치는 사람들은 굽힌 무릎을 펴지 않고 확신을 얻을 때까지 계속 기도했다. 믿음을 통해 평안을 찾은 사람들은 한두 명씩 떠나갔지만, 마음에 깊이 찔림 받은 사람들은 떠나지 않고 간구했다. 그 각성이 얼마나 심각했는지, 브룩은 자리를 떴지만 마음에 경고를 받고 비통해하는 사람들은 예배당을 떠날 줄 모르고 밤새도록 기도했다. 그 다음 날도 하루 종일 예배당에서 지내면서 밤이 되도록 쉬지도 않고 기도회가 계속되었다. 100명 넘게 회심한 것으로 보였고, 연로한 여러 교수도 깊이 깨닫고 하나님께 온전히 자신을 헌신하게 되었다."
_ 브룩의 회고록

"기도하고 있는 중에, 그곳에 들어온 사람 가운데 둘이 깊이 깨닫고 울면서 하나님께 기도하기 시작했다."
_ 윌리엄 카보소

"내가 기도하고 있는데 하나님의 능력이 임하여 그 사람과 동료들까지 죄를 깨달아 가슴을 도려내는 듯한 비통함으로 죄를 회개하며 울었다."
_ 윌리엄 카보소

"죄를 더욱 깊이 깨달을수록, 사람들은 약해져서 앉거나 서지 못하고 심지어 무릎을 꿇거나 눕지도 못하게 된다. 이 동네와 이웃에서는 상당히 많은 사람이 죄를 깨달았고, 부흥이 일어나고 있는 북부 지방 전역에서는 '마치 사람들이 권총에 맞은 것처럼 갑작스럽게 바닥에 넘어지기도 하고' 정신 나간 사람처럼 마비되어 무기력하게 쓰러지기도 했다. 그들은 깊은 애통함에 울고, 어떤 사람은 두려움에 떨었다. 여러 사람이 '주 예수여, 내 영혼을 불쌍히 여기소서!' 하면서 간구했다. 온몸이 사시나무처럼 떨리고 견디기 힘들 만큼 무거운 덩이가 가슴을 짓눌러 숨이 막힐 것만 같았다. 구원받기 위해 큰소리로 간절하게 기도드릴 때에야 사람들은 놀라운 해방감을 경험했다. 육체적 고통과 정신적 괴로움은 그리스도를 신뢰하는 믿음을 발견할 때 비로소 해소된다. 그렇게 되면 외모와 목소리와 자세가 곧 달라진다. 고통과 절망이 감사와 승리와 경배로 바뀐다. 말과 모습, 심각한 갈등과 절망적인 모멸감은 마치 어떤 당파黨派가 선언하듯이, 모두 옛 뱀과 심각한 갈등 가운데 있다는 것을 말해 준다. 고통스러워하던 사람 얼굴에서 땀이 비 오듯 흐르고 온 머리카락이 다 젖는다. 그중에는 이런 힘겨운 마음의 갈등을 여러 차례 통과하는 사람도 있고, 단 한 번 경험하는 사람도 있다. 입맛을 잃어 여러 날 동안 음식을 전혀 입에 대지 않는 사람도 있다. 그들은 눈을 감고 누워도 잠을 이루지 못한다." _1859년 아일랜드 부흥

"주님의 성령의 능력이 얼마나 강하게 그들 영혼에 임했는지, 마치 오순절에 있었던 급하고 강한 바람과도 같았다. 어떤 사람은 괴로워 소리를 질렀고, 또 어떤 사람은 체격이 건장했지만 마치 죽은 사람처럼 바닥에 쓰러졌다. 나는 시편을 읽어주었는데 수많은 죄의 종들이 구원을 위해 울고 간구하는 소리에 내 목소리가 다 흡수되고 말았다."

_윌리엄 번즈

"교회 측면에서 볼 때 부흥에는 언제나 죄에 대한 깊은 각성이 있게 마련이다. 신앙이 타락한 사람들은 아침에 깨어 자기 마음을 깊이 성찰하지 않고는, 결코 하나님의 일을 시작하지 못한다. 죄의 샘들이 터져야 한다. 진정한 부흥은 언제나 죄를 깊이 각성한다. 사람들은 하나님께 받아들여질 희망도 없다고 여길 만큼 자신들의 죄를 깊이 보게 된다. 꼭 그 정도는 아닐지라도 진정한 부흥이 오면, 예외 없이 사람들은 자기 죄를 깨닫고 모든 소망을 버리는 경우가 흔하다." _찰스 피니

주여, 구하오니 오늘 구원하소서.
죄를 알게 하시고 사해 주소서.
굳은 맘을 깨시고 회개하게 하시며,
성령이여 오셔서 마음을 고쳐주소서.

주여, 성령 부으시길 기도하오니,
지금 곧 임하셔서 구원해 주소서.
높은 자나 낮은 자나, 부한 자나 빈한 자나,
귀한 영혼 위하여 이제 간구합니다.

깊은 고통, 커다란 걱정이
이제 그들 위에 내려도
"예수님의 보혈"로 중생을 얻기까지
당신의 제단 앞에 영혼을 모으소서.

주여 지금 비오니 잃은 자를 구하소서.
내 주 예수 그리스도 다시 오시기 전에,
하나님의 성령이여 아직 구하고 빕니다.
주님 마다하시면 헛된 눈물뿐이니이다.

거룩한 영이여, 멀리 가지 마소서.
죄인 한 사람도 죽게 하지 마소서.
죽음이 가깝고 밤은 다가오는데,
당신의 종의 기도, 주여 들어주소서.

오스왈드 스미스

6장

부흥을 가로막는 죄

하나님의 능력의 통로를 막고 숨 막히게 만드는 유일한 장애물이 있다. 바로 죄다. 죄는 거대한 장애물이다. 죄만이 성령의 사역을 방해하고 부흥을 막는다. 다윗은 "내가 나의 마음에 죄악을 품었더라면 주께서 듣지 아니하시리라"(시 66:18)고 말했다. 또한 이사야 59장 1-2절에는 대단히 중요한 말씀이 있다.

> 여호와의 손이 짧아 구원하지 못하심도 아니요 귀가 둔하여 듣지 못하심도 아니라 오직 너희 죄악이 너희와 너희 하나님 사이를 갈라놓았고 너희 죄가 그의 얼굴을 가리어서 너희에게서 듣지 않으시게 함이니라.

죄는 거대한 장애물로, 반드시 제거해 버려야 한다. 달리 대안이 없다. 타협할 것도 없다. 죄가 처리되기 전에는 하나님이 결코 역사하지 않으신다.

너희가 자기를 위하여 공의를 심고 인애를 거두라 너희 묵은 땅을 기경하라 지금이 곧 여호와를 찾을 때니 마침내 여호와께서 오사 공의를 비처럼 너희에게 내리시리라(호 10:12).

그리고 역대하 7장 14절을 보면 변하지 않는 축복의 조건이 제시되어 있다.

내 이름으로 일컫는 내 백성이 그들의 악한 길에서 떠나 스스로 낮추고 기도하여 내 얼굴을 찾으면 내가 하늘에서 듣고 그들의 죄를 사하고 그들의 땅을 고칠지라.

그러므로 죄에 대하여 마음을 찢으며, 그것을 온전히 고백하고 뉘우쳐야 하나님을 만족시킬 수 있다. 죄를 철두철미하게 버려야 한다.

죄의 결과와 형벌을 슬퍼하기보다는 하나님을 거스른 죄 자체를 슬퍼해야 한다. 지옥은 후회로 가득 찬 곳이지만, 그 후회는 이미 내려진 형벌에 대한 것일 뿐이다. 거기에는 진정한 회개가 없다. 지옥에 간 부자는 하나님께 지은 죄를 한 마디도 회개하지 않았다(눅 16:29-30). 그러나 다윗은 살인과 간음죄를 저질렀지만 그가 모두 하나님께만 죄를 지었다고 고백했다(시 51:4). 단순한 후회는 회개에 이르게 하는 참된 애통함이 아니다. 유다도 깊이 후회했지만 결코 회개하지 않았다.

하나님만이 회개와 상한 마음을 주시며, 죄를 버리는 결과를 가져오는 슬픔과 참회를 주신다. 이에 모자라는 것은 아무 소용이 없다.

하나님께서 구하시는 제사는 상한 심령이라 하나님이여 상하고 통회하는 마음을 주께서 멸시하지 아니하시리이다(시 51:17).

자기의 죄를 숨기는 자는 형통하지 못하나 죄를 자복하고 버리는 자는 불쌍히 여김을 받으리라(잠 28:13).

너는 오직 네 죄를 자복하라 이는 네 하나님 여호와를 배반하고(렘 3:13).

여러 사람이 제단 앞에 무릎을 꿇고 애통하는 마음으로 하나님께 간구하지만, 아무것도 받지 못하는 일이 흔하다. 또한 여러 그룹이 모여 밤새도록 기도하며 부흥을 간구하되, 기도가 전혀 응답되지 않는 예도 얼마든지 있다. 무엇이 잘못된 것인가?

오직 너희 죄악이 너희와 너희 하나님 사이를 갈라놓았고 너희 죄가 그의 얼굴을 가리어서 너희에게서 듣지 않으시게 함이니라(사 59:2).

그러므로 무엇보다 먼저 죄를 드러내고, 굽은 길을 곧게 하며, 거친 돌들을 거둬내고, 믿음과 기대를 가지고 은혜의 단비를 구해야 한다.

그리고 우리 죄를 하나하나 구체적으로 처리해야 한다. 그러고 나서 스스로 다음 질문을 해보라. 우리에게 죄가 있다면 하나님이 말씀하실 것이다.

1. **모든 사람을 용서했는가?** 혹시 마음속에 악의, 멸시, 증오, 원통함이 없는가? 또는 원한을 품었거나 화해하기를 거절하고 있지는 않은가?

2. **화내고 있지 않은가?** 마음속에 어떤 분노가 없는가? 신경질을 내

는 일이 여전한가? 울화가 우리를 붙잡고 있지는 않은가?

3. **질투하는 마음이 있는가?** 다른 사람이 나보다 앞서면 시기하는가? 우리보다 더 깊이 기도하고, 말하고, 일을 잘 처리하는 것을 보면 질투하는가?

4. **조급하고 초조해하는가?** 사소한 일에도 쉽게 흔들리고 불쾌하게 느끼는가? 아니면 어떤 처지에서나 온유하고 동요하지 않는가?

5. **쉽게 맘이 상하는가?** 사람들이 우리를 지나치면서 아무 말도 걸지 않으면 마음이 상하는가? 다른 사람들은 잘 대우를 받는데 우리는 등한시될 때 어떻게 느끼는가?

6. **마음속에 교만이 없는가?** 자랑하고 싶은가? 우리의 지위와 업적을 크게 생각하고 있는가?

7. **부정직하지는 않은가?** 우리가 하는 일은 공개적이고 책망의 여지가 없는가? 땅 한 평에는 한 평으로, 물건 한 근에는 정확하게 한 근으로 주고 있는가?

8. **남의 말을 하지 않는가?** 다른 사람의 인격을 훼손시키는가? 남을 고자질하고 참견하길 좋아하지는 않는가?

9. **사랑 없고 무례하며 심하게 비판하는가?** 늘 다른 사람의 결점을 보고 흠을 찾고 있지는 않은가?

10. **하나님의 것을 도적질하는가?** 하나님의 시간을 훔치지는 않았는가? 돈을 움켜쥐고 있지는 않은가?

11. **세속적인가?** 번쩍거리는 것과 화려한 것을 좋아하고 이생의 자랑을 사랑하는가?

12. **도적질했는가?** 우리 것이 아닌 작은 것이라도 훔친 적이 있는가?

13. **다른 사람에게 원통함을 품고 있는가?** 마음속에 미움이 있는가?

14. **삶이 경솔함과 천박함으로 채워져 있는가?** 태도가 품위 없지 않은가? 우리 행동을 보고 세상 사람들이 어떻게 생각하는가?

15. **어떤 잘못을 한 다음에 보상하지 않은 적은 없는가?** 삭개오 같은 마음이 있는가? 하나님이 우리에게 보여주신 많은 작은 것들을 모두 갚았는가?

16. **걱정하고 염려하는가?** 이 세상에 속한 것과 영적인 것에 대해 하나님을 신뢰하는가? 미리 공연한 걱정을 하고 있지는 않은가?

17. **부도덕한 죄가 있는가?** 깨끗하지 못하고 거룩하지 못한 생각이 마음에 도사리고 있지는 않은가?

18. **말이 진실한가?** 그렇지 않다면 과장하고 잘못된 인상을 전하지 않는가? 거짓말하지는 않았는가?

19. **불신의 죄를 범하고 있는가?** 하나님이 우리를 위해 하신 일이 그렇게 많은데도 그분의 말씀을 아직도 불신하고 있는가? 투덜거리고 불평하는가?

20. **기도하지 않는 죄를 범하고 있는가?** 우리는 중보 기도자인가? 진정으로 기도하는가? 기도로 보내는 시간이 얼마나 되는가? 삶에서 기도를 밀어내고 있지는 않은가?

21. **하나님 말씀을 게을리 하고 있지 않은가?** 날마다 성경을 몇 장씩이나 읽는가? 늘 성경을 공부하는 그리스도인인가? 우리의 공급원이 성경인가?

22. **그리스도를 공개적으로 고백하지 못한 적이 있는가?** 예수님을 부끄러워하는가? 세상 사람들에게 둘러싸여 있으면 입을 다물어버리는

가? 날마다 전도하고 있는가?

23. **영혼 구원에 부담을 느끼는가?** 잃어버린 사람에 대한 사랑이 있는가? 멸망해 가는 사람들을 동정하고 있는가?

24. **첫 사랑을 잃어버리고 이제 하나님을 향한 열정이 식었는가?**

부정적이든 긍정적이든 이러한 것들은 모두 하나님의 백성 가운데서 그분의 일을 막고 있다. 이제는 정직하게 그것을 "죄"라고 인정하자. "죄"는 하나님이 사용하시는 단어다. 우리가 범죄했다는 것을 인정하고 속히 고백하여 죄를 버릴수록 하나님이 강력하게 역사하실 것을 더 속히 기대할 수 있다.

왜 자신을 속이는가? 우리는 하나님을 속이지 못한다. 이제 이런 장애물을 제거하고 앞에 막힌 것을 치워 한 걸음 더 앞으로 나아가자.

우리가 우리를 살폈으면 판단을 받지 아니하려니와(고전 11:31).

하나님의 집에서 심판을 시작할 때가 되었나니(벧전 4:17).

이것이 오랜 세월을 통해 내려온 부흥의 역사다. 밤낮으로 설교해도 아무런 효과가 없었다. 그러나 장로나 집사 되는 사람들이 깊이 통회하며 자신이 잘못을 저지른 사람들을 찾아가 용서를 구하고 화해할 때, 부흥이 일어나기 시작한다. 열성적으로 봉사하는 여인이 통곡하면서 자신이 다른 여자들을 경멸해 왔다고 고백할 때, 교회에서 곁에 앉은 사람들과 마음을 함께하지 못했다고 자백할 때, 부흥은 시작된다. 고백하고 죄의 빚을 갚게 될 때 부흥은 시작된다. 단단하던 땅바닥이 일궈지고 죄가 드러나 모두 처리될 때에야 비로소 하나님의 영이 회중 가운데 임하시며 부흥이 그 지역을 휩쓸게 된다.

일반적으로 볼 때 한 가지 죄, 곧 일을 훼방하는 한 가지 죄가 가장 큰 문제다. 그것은 이스라엘 진영에 있던 아간과 같다. 하나님은 손가락으로 지적하실 것이다. 그 장애물이 처리되지 않는 한 하나님은 진노의 손을 거두지 않으실 것이다.

이제 다윗의 간절한 기도처럼 먼저 하나님께 기도하자.

> 하나님이여 나를 살피사 …… 내게 무슨 악한 행위가 있나 보시고 나를 영원한 길로 인도하소서(시 139:23–24).

죄의 장애물이 제거되는 순간, 하나님은 강한 부흥의 권능 가운데 임재하실 것이다.

교회가 가득한 도시,
설교자와 유식한 사람이 많고,
화려한 음악과 거대한 성가대,
이 모든 것이 못하면 어떻게 되는가?
진실하고 열정적인 훌륭한 일꾼들,
쉬지 않고 열심히 수고하는 사람들,
그러나 내 형제여, 하나님의 권능은 어디 있는가?

교양과 교육!
사람들은 가장 좋은 것을 바란다.
계획과 준비가 완벽하고,
쉴 새 없이 뛰면서 일하고,
재능 많은 사람들을 구한다.
최선을 다하면서 애를 쓰는데,
그러나 내 형제여, 하나님의 성령은 어디 계신가?

많은 시간, 막대한 돈을 투자하고
지혜로 설교하되
교육은 하나님의 백성을
오히려 빈곤하게 만들고 있다.
하나님의 구하심은 세상 지식이 아니요,
그분이 찾는 것은 부드러운 미소가 아니다.
그러나 내 형제여, 우리 속의 죄는 모두 처리되었는가?

성령만이 영혼을 살리시는데
하나님은 형식적인 예배를 기뻐하지 않으시고
사람의 통제에 수긍하지 않으신다.
인간의 큰 개혁과 기술과 재능도
참된 회개를 줄 수 없고
죄인의 심장을 깨뜨리지 못하네.

인간 지식이 많아,
화사한 노래와 큰 성취를 보고
훌륭한 설비가 빛날지라도,
영혼의 참 복을 주지 못하니
하나님의 원하심은 정결한 그릇,
기름 부음 받은 진실한 입들,
성령으로 충만한 백성을 통해
그의 기쁜 소식을 전하려 하시네.

크신 나의 하나님, 우리를 살리소서.
날마다 우리를 지키소서.
그리하여 사람들이 우리를 보고
기도대로 사는 것을 알게 하소서.

여호와의 손이 짧은 것이 아니라
우리에게 복 주시기 기뻐하시는 주님,
모든 악을 버리고 모든 죄를 자백하면.

※ 이 시는 내게 위대한 부흥의 인물들과 기도의 용사들을 소개해 준 사무엘 스티븐슨의 작품으로, 내게 대단히 많은 진리를 가르쳐주었다.

7장

하나님의 능력의 문을 여는 열쇠

믿음만이 하나님의 능력의 문을 여는 열쇠다. "믿음으로 여리고 성이 무너졌으며." 참된 부흥을 위해 반드시 있어야 할 것은 바로 살아 움직이는 믿음이다. "믿는 자에게는 능치 못할 일이 없느니라."

주님께 쓰임받는 사람은 하나님의 음성을 듣는다. 하나님이 그에게 약속을 주신다. 그분의 모든 백성에게 일반적으로 적용되는 광범위한 말씀의 약속이 아니라, 그 사람 개인의 심장에 직접 주시는 확정적이고도 분명한 약속이다. 어떤 낯익은 약속이 어느 날 그 사람을 사로잡아 그것이 하나님의 말씀이라는 것을 확실히 알게 된다. 그렇기 때문에 하나님을 위해 새 일을 하려는 사람은 무엇보다도 먼저 **"나는 약속을 받았는가?", "하나님이 말씀하셨는가?"**라고 질문해 보아야 한다.

옛날 많은 선지자들로 하여금 백성들 앞에 나아가 "여호와께서 말씀하시되……"라고 외칠 수 있게 한 것이 바로 이런 거룩한 확신이다. 하나님이 우리에게 그렇게 위탁하지 않으셨다면, 오히려 기도하며 고요히 기다리는 것이 낫다. 그렇지 않으면 "저기 달려가는 선지자에게 화가 오리라. 나는 그를 보내지 않았노라"라고 말씀하실 것이다. 그렇지만 하나님의 음성을 들은 사람은 더딜지라도 기다린다. 그날이 반드시 오기 때문이다. 여러 해가 지난다 해도 하나님은 그분의 말씀을 반드시 이루신다.

그 음성을 듣고 깨닫는 기쁨! 얼마나 큰 위로인가! 얼마나 큰 믿음인가! 우리 마음속이 기뻐 뛰지 않는가! 아무 질문도 없고 추측이나 의심도 없다. 여러 날, 혹 여러 주간 동안 하나님의 뜻을 알고자 간절히 기도드린다. 그리고 하나님 말씀이나 성령에 의해 그분의 메시지가 오고 모든 것이 온전하게 평정된다. 무슨 일이 되거나 기대하던 것이 이뤄졌다는 것이 아니라 하나님이 말씀하시니 더 이상 아무 의심이 없다는 것이다. "주님께서 이루시리라."

언젠가 토론토 시에 위대한 역사가 일어나는 환상을 본 적이 있는 나는 그것을 놓고 계속 기도하면서 주님의 마음을 알고자 했다. 어느 날, 결국 하나님이 말씀하셨다. 두 번째로 하나님의 확신의 말씀이 온 것이다. 나는 하나님이 확실히 이루신다는 것을 알고 믿음으로 기도하면서 기다리고 기다렸다. 3년이 지났다. 두려운 3년의 시험이었다. 주님의 약속이 없었으면 나는 깊이 좌절하고, 내 높은 소망은 산산이 흩어졌겠지만 하나님이 말씀하셨기 때문에 나는 "당신의 말씀대로 이루소서" 하며 기도할 수밖에 없었다. 결국 만 3년이 지나자 하나님은 말씀하신 일을 이루셨다.

사탄의 강력한 성채였던 파일리라는 마을에서 일어난 사건이다. 초기 감리교 시대에 여러 설교자가 이 마을에 파송되었지만 아무런 목적을 이루지 못하고 있었다. 한 사람 한 사람 차례로 밀려나 결국 사역은 불가능하다고 결론을 내렸다.

그러나 최종적으로 결정되기 직전에 흔히 "기도의 조니"라고 불리던 존 옥스토비John Oxtoby가 자기가 가겠다고 총회에 간청하였다. 그리하여 대표들은 한 번 더 기회를 주자고 결정했다. 그들은 합의했고, 며칠 후 존은 여행을 떠나게 되었다. 여행 중에 알게 된 어떤 사람이 존에게 여행지가 어디냐고 물었을 때 그는 또박또박 대답했다. "주님이 부흥을 주시려는 파일리로 갑니다."

그곳에 가까이 가서 파일리와 무스턴 사이에 있는 언덕에 오르는데 갑자기 마을 전경이 그의 눈앞에 펼쳐졌다. 감정에 북받친 그는 언덕 위 오솔길에서 무릎을 꿇고 씨름하며 울면서 자기에게 주어진 사명을 잘 성취할 수 있게 해달라고 간절히 기도했다. 오솔길 건너편에서 기도 소리를 들은 방앗간 주인이 깜짝 놀라 귀를 기울였다. 그 주인의 말에 따르면 조니는 "주님, 사람들 앞에서 나를 바보로 만들지 말아주십시오. 주님이 당신의 일을 부흥시키실 것이라고 브리들링턴에 있는 사람들에게 이미 말했사오니 주께서 그 일을 행하여 주소서. 그러지 않으시면 제가 어떻게 다시 그들에게 얼굴을 내보이겠습니까? 기도하고 믿었다는 결과가 그것밖에 안 되느냐고 사람들이 말하지 않겠습니까?"라고 기도했다.

그는 서너 시간 동안 계속 간구했다. 투쟁은 길고 힘들었지만 그치지 않았다. 그는 자신의 연약함과 부족함을 하나님께 간구했다. 결국 먹장 구름이 사라지고 영혼에 영광이 충만해진 그는 "주님, 됐습니다. 됐습니다. 파일리는 무너졌습니다! 파일리는 무너졌습니다!"라고 외치면서 일어섰다.

드디어 파일리는 무너졌다. 조금도 실패가 없었다. 은혜의 보좌에서 새로워진 그는 파일리에 들어가 거리에서 노래를 부르기 시작했다. "주께로 돌아와 구원을 받으라!" 억센 어부들이 떼를 지어 그의 말을 들으려고 몰려왔다. 비상한 능력이 그의 설교에 임하여 완악한 죄인들이 통곡하고 강한 남자들도 떨었으며, 그가 기도하는 동안 12명 이상이 무릎을 꿇고 긍휼을 구하여 결국 은혜를 받았다.

이제 믿음의 기도를 드린다는 것이 무슨 뜻인지 알겠는가? 이런 기도를 해본 적이 있는가? 찰스 피니는 다음과 같은 이야기를 들려준다.

> 내가 알고 있는 어떤 가장은 선량한 사람이었지만, 믿음의 기도에 관하여 잘못된 견해를 갖고 있었다. 그런 분위기에서 자녀들이 성장하다 보니 구원받은 자녀가 한 명도 없었다. 후에 그의 아들이 중병이 들어 거의 죽게 되었다. 이 아버지는 기도했지만 아이의 병은 더욱 악화되어, 거의 소망도 없이 무덤으로 가야 하는 듯했다. 아버지의 기도는 간절했고 말할 수 없는 탄식에까지 이르렀다. (비록 자기 아들이 소생하리라고 기대하지는 않았지만) 그는 자기 기도가 절대로 거절되지 않을 것처럼, 생명을 걸고 계속 기도했다. 마침내 그는 아들이 죽지 않고 오히려 살아서 회심하게 될 것이라고 확신하게 되었다. 그리고 그 아들뿐만 아니라 온 식구가 회심하게 되리라는 믿음을 갖게 되었다. 그는 집에 돌아와 가족에게 아이가 죽지 않을 것이라고 말했다. 식구들은 깜짝 놀랐다. 그래도 그는 "절대로 죽지 않을 거요. 우리 아이들은 아무도 죄 가운데서 죽지 않아요"라고 말

했다. 몇 년 후 그 사람의 자녀들은 모두 그리스도께로 돌아왔다.

한 성직자가 내게 자기 교인들이 경험한 부흥 이야기를 들려주었다. 그 부흥은 열성적이며 헌신된 한 여자 성도에게서 시작된 것이었다. 이 성도는 죄인들을 깊이 염려하여 그들을 위해 간절히 기도하고 또 기도했지만 마음속에는 고통만 늘었다. 결국 교역자를 찾아가 대화하다가 신앙을 찾고 있는 구도자求道者를 위한 집회를 열자고 제안했다. 그는 그런 모임이 꼭 필요하다고 느꼈기 때문이다. 그렇지만 그럴 필요성을 느끼지 못한 교역자는 성도의 제안을 완곡하게 거절하고 뒤로 미루었다. 다음 주에 교역자를 다시 찾아간 이 성도는 그런 모임을 마련해 달라고 간곡히 요구했다. 누군가가 그 모임에 오리라 믿었고, 하나님이 성령을 부어주실 것이라고 느꼈기 때문이다. 그러나 그 교역자는 다시 뒤로 미루었다. 얼마 후 다시 찾아온 이 성도는 "만일 집회를 주선해 주지 않는다면 죽겠습니다. 하나님이 확실히 부흥을 주실 것이니까요!"라고 부탁했다. 드디어 그 다음 주일에 집회를 열기로 결정하고, 누구든지 구원에 관해 상담받고 싶으면 저녁 시간에 한 사람씩 만나줄 수 있다고 광고했다. 그 교역자는 한 사람도 모르는 상태였다. 그런데 집회 장소에 가보니, 놀랍게도 수많은 구도자가 미리 와서 기다리고 있는 것이 아닌가!

1825년 가을 한밤중, 어둠을 뚫는 첫 불빛이 오네이다 지방에 있는 교회 위에 내려앉았다. 내가 믿기로 그 불빛은 한 번도 진정한 부흥을 경험해 보지 못한 어떤 병약한 여인에게서 흘러나왔다. 그 여자의 영혼은 늘 죄인들 주변에서 방황했고 그가 사는 지역을 바라보며 탄식했다. 무엇 때문에 자기가 괴로워하는지도 알지 못했지만 계속 더욱 간절하게 기도했다. 나중에는 그 고통 때문에 몸이 부서질 것만 같았다. 결국 그 여인은 기쁨에 넘쳐 외쳤다. "하나님이 오셨다! 하나님이 오셨다! 확실하다. 무언가가 시작되고, 온 동네로 번져갈 것이다." 그리고 실제로 역사役事가 시작되어 그 여인의 온 가족이 회심하였다. 그 역사는 온 마을로 강하게 퍼져 나갔다.

비결은 바로 믿음이다. 히브리서 11장의 믿음, 하나님께 대한 믿음, 그분의 말씀에 근거한 믿음, 그분의 종의 심장을 인도하는 믿음이 그 비결이다. 그런 믿음은 산을 옮길 수 있고 불가능한 것을 이룰 수 있다. 성령의 증거도 없이 믿는 허망한 믿음, 즉 아무 대가도 치르지 않는 믿음은 시간이 흐르고 실제로 일이 실현되지 않으면 어느새 사라져버리지만, 역사하는 기도와 영혼의 진통을 통해 생긴 하나님께 대한 믿음은 부흥을 이루는 최대 비결이 된다. 이러한 믿음은 절망과 핍박의 폭풍을 딛고 일어서며, 시대를 넘어 승리하고, 그 목적을 성취하기까지 꺼지지 않고 밝게 타오른다. 오늘날에는 이러한 믿음이 필요하다.

믿음, 강한 믿음, 약속을 보고
하나님만 앙망하네.
불가능을 향하여 비웃으며
“할 수 있다”고 외치는 믿음.

내 생각을 초월하는 것이 있어도
내 주님은 늘 신실하시다.
불신으로 나 방황치 않으리.
하나님이 내게 말씀해 주셨으니.

그 강한 믿음을 내게도 주소서,
구하는 것들이 헛되지 않게.
주님은 내 곁을 그냥 지나가실 수 없어요,
내 소원 주 안에서 이루기까지는.

8장

부흥을 향한 갈급함

1924년, 1929년, 1936년, 유럽에 있는 러시아 선교지를 방문했을 때, 나는 하나님이 그곳에 부흥의 역사를 일으키시는 것을 보았다. 사람들은 40킬로미터를 걸어서, 혹은 300킬로미터 길을 말이나 마차를 타고 와서 집회에 참석했다. 예배는 세 시간 넘게 계속되었다. 어떤 때에는 하루에 세 번씩 예배를 드려야 했는데, 그래도 사람들은 충분치 못하다고 불만이었다. 어느 곳에서는 출근하기 전 이른 아침에 노동자들이 자기들끼리 집회를 가졌다.

돈을 들여 광고할 필요도 없었다. 서로 이야기를 전해 듣고 사람들이 모였는데, 조금이라도 공간만 있으면 복도도 마다하지 않았다. 그 큰 강당이 초만원을 이루어 한 사람도 더 뚫고 들어올 수 없을 정도였다.

어느 루터교회에서 3,000명에게 설교한 일이 기억난다. 정말 얼마나 열심히 듣던지! 옥외 집회도 마찬가지였다. 얼마나 갈급했던지 비가 쏟아지는데도, 남녀노소를 막론하고 많은 사람이 3시간씩이나 선 채로 설교를 들었다.

하나님이 매우 강하게 역사하셨다! 처음 시작할 때부터 이미 부흥이 그 가운데 있었다. 사람들은 기도하며 찬송하고 눈물을 흘리면서 간증했다. 깊이 상한 마음으로 메시지를 경청했고, 초청 시간에는 수많은 사람이 앞에 나와 무릎을 꿇고 눈물을 쏟으면서 하나님의 긍휼을 간구했다. 윌리엄 페틀러Wm. Fetler 목사가 내 설교를 통역했는데, 그 역시 얼마나 깊은 감동을 받았는지 모른다! 그때를 회상하는 일기 한 부분을 소개하면 그 내용을 좀 더 잘 이해할 수 있을 것이다.

"성령께서 행하신 그 광경을 글로 설명하는 것은 아마 불가능할 것이다. 하나님이 행하신 일은 확실히 기적이기 때문이다. 매일 밤 대강당은 말 그대로 초만원을 이뤘고, 마지막에 가서는 차고 넘쳐 통로와 강단을 비롯한 구석마다 사람들이 서 있었다. 밤마다 많은 영혼이 구원받기 위해 회개하고 나왔으며, 제단은 매일 저녁 그런 사람들로 꽉 찼다. 첫 시간부터 대단히 많은 사람이 그리스도를 영접했는데 도대체 몇 명이나 되는지도 모를 정도였다.

아침 10시 집회는 대단한 잔치 시간이었다. 첫날 아침에는 아래층 본당이 꽉 찼고, 성가대석에도 몇 명이 앉았다. 둘째 날에는 더 많이 왔고, 셋째 날에는 그보다 더 많이 참여해서 드디어 영광스런 역사가 시작되었다. 넷째 날에는 남는 자리가 없었다. 성가대석도 다 찼다. 강단은 물론 공간이 남는 곳에는 모두 의자를 놓았다. 그런데도 계속 사람들이 몰려와, 결국 나중에 오는 사람들은 통로에 서 있어야 했다. 그리고 그날, 하나님의 권능이 회중 가운데 임했다. 남녀노소 모두 무릎을 꿇고 기도했다. 그 놀라운 기도들! 그 눈물! 그 회개와 자백의 부르짖음! 그 엄청난 기쁨과 평안! 아름다운 간증들! 얼마나 아름답게 찬송하는지! 그곳이 바로 지상 천국이었다.

집회가 끝날 때쯤 오후 4시에 한 번 더 집회를 해달라는 부탁을 받았다. 잠시 다시 설교해야 할지 고민했지만 그러기로 했다. 4시가 되니 사람들이 다시 모였다. 또 한 번 하나님의 능력이 나타났다. 그들은 하염없이 눈물을 흘렸다. 얼굴에는 말할 수 없는 기쁨과 영광이 완연했다. 우리는 조용히 하나님 앞에 무릎을 꿇었고, 성령께서 여러 사람의 삶에 임하셨다. 오후 6시 반에 또 설교하고 8시에도 설교해서 결국 하루에 네 번 설교를 하게 되었다.

내 방에 돌아와 앉아 있는데, 누군가가 방문을 두드렸다. 한 학생이었다. 그 학생은 하나님이 어떻게 말씀하셨는지를 간증했다. 그는 마음에 갈급함이 있다고 설명하고는 '저는 성령의 능력을 알기까지는 결코 그치지 않고 밤새도록 기도하기로 작정했습니다' 라고 말했다. 우리는 같이 기도했고, 그 학생은 흐느껴 울었다. 이렇게 하여 역사는 시작되었다.

잠시 후 또 누가 방문을 두드렸다. '이 사람들은 옆방에서 만날까?' 하고 나가보았다. 방 안에 들어서니, 여러 사람이 내 얼굴을 똑바로 쳐다보고 있었다. 그들에게도 하나님이 말씀하신 것이다. 다시 격정적으로 드린 고통의 기도가 하나님께 상달되었다. 죄를 처리하여 제거해 버리고 온전히 헌신하자, 다시 한 번 성령께서 임하셨다.

최근 러시아, 독일, 라트비아, 영국 등에서 학생들이 한 단체를 이루어 무릎 꿇고 기도하는 일들이 일어났다. 그들은 하나님께 온 마음을 쏟아놓았다. 마음을 녹이는 시간이었다. 그들은 주님 앞에서 많이 울었다! 그 놀라운 부흥을 보는 것도 큰 기쁨이지만 성령께서 역사하시는 것을 목도하는 것은 더 큰 기쁨이었다.

학생들이 모두 돌아갔다. 저마다 자기 골방에서 계속 기도하려고 간 것이었다. 그날 밤은 얼마나 늦었는지 모른다! 밤 12시에 사무실로 돌아와 영혼 깊이 큰 기쁨과 감사를 느끼며 잠자리에 들었다. 얼마나 축복된 하루였는지!

다음 날 아침에는 어쩔 수 없이 대강당으로 옮겨야 했는데 1,200명 넘게 운집했다. 이번에도 강대상까지 사람들이 꽉 찼다. 주님을 찬양한다! 오후 4시에 다시 설교했는데, 1,500명 넘게 모이는 바람에 많은 사람이 서서 들어야 했다. 또 한 번 강단 앞은 회개하는 영혼이 줄을 이었다. 그리고 7시, 세 번째 집회 때는 성령의 능력이 매우 강렬하게 나타났다. 그 큰 회중 가운데 어떤 거룩한 침묵 같은 것이 있었고, 집회 후에도 1시간이 넘도록 아래층 큰 방에서 모임을 가졌다.

8시쯤 위층에 올라가 보니 아직도 1,300여 명이 나를 기다리고 있었다. 나는 다시 한 번 복음을 선포하고 결신 초청을 했는데 남녀노소가 줄을 지어 일어나 강단 앞에 모였고, 회개와 믿음으로 그리스도를 영접하였다. 그것이 그날 네 번째로 드린 예배인데, 나는 그 예배가 그날 드리는 마지막 예배라고 생각했다. 그런데 선교회 사무실에 돌아와 보니, 러시아인들이 방을 가득 채우고는 늘 하는 대로 조용하고 진지하게 기도를 드리면서 하나님을 앙망하고 있었다. 잠시 동안 그들과 함께 기도한 다음 나와서 12시에 잠자리에 들었다. 그런 날이 또 있을까! 은혜로운 집회! 놀라운 회심! 그 기쁨! 그 능력! 내 평생 캐나다는 물론 심지어 미국에서도 그런 회중에게 설교한 적은 없었다.

그해 부활 주일은 결코 잊을 수 없는 날이다. 아침 6시에 첫 예배를 드렸다. 그 전날 밤 그리스 정교회 예배에 참석했는데, 사람들마다 촛불을 켜들고 거룩한 옷을 입고 사제를 바라보면서 교회 밖을 세 번 돌고 나서 아름다운 성가대의 노래와 부활에 관한 대주교의 설교를 들었다. 내가 자리에 누운 시각은 새벽 2시였다. 따라서 아침 6시에 설교하기가 쉽지는 않았다. 그런데 그 예배에 1,200명이 출석했고, 많은 사람이 초청에 응하여 그리스도를 영접했다.

10시에는 1,600명에게 설교했다. 이번에도 복도까지 만원을 이뤄 이곳저곳에 서 있는 사람들이 가득했다. 정말이지 경이로운 광경이었다. 집회는 4시간이나 계속되었다.

식사 후에 침대에 몸을 던져 곧 잠이 들었다가 다음 집회가 계획된 4시에 맞춰 깨어났다. 1,400명이 참석했다. 하나님의 영께서 회중을 강렬하게 감동시켜, 대단히 많은 사람이 구원받기 위해 앞으로 나왔다. 많은 사람이 울고 있었다. 부은 눈으로 눈물을 닦으며 서 있는 남자들도 눈에 띄였다. 수많은 사람에게 구원이 임했다. 얼굴이 밝게 빛나고 기쁨이 넘쳤으며, 새로 회심한 사람들과 인사를 나누면서 잡은 그들의 손은 힘이 있었다. 젊은이뿐 아니라 나이 많은 사람과 여자도 많았다. 머리가 희끗희끗한 사람도 많았는데 아이들은 얼마 없었다. 모두가 주님을 찾으려 했고, 그날 많은 사람이 주님을 만났다. 얼마나 놀라운 기쁨인가!

월요일에는 5년쯤 전에 복음을 전한 한 러시아 교회에서 집회를 가졌다. 10시인데 굉장히 많은 사람이 예배당 안에 들어찼고, 여기저기 서 있는 사람도 적지 않았다. 또한 거대한 성가대와 취주악단이 내 뒤에 자리 잡고 있었다. 나는 죄를 이길 수 있다는 확신을 가지고 설교했는데, 끝날 때에는 수십 명의 삶에 성령께서 임하셔서 놀라운 변화를 일으키셨다. 하나님이 강력하게 역사하신 것이다. 많은 사람의 얼굴에 문자 그대로 빛이 나고 기쁨이 넘쳤다.

러시아의 다른 도시에 있는 한 교회에서 드린 첫 예배에는 강당이 반 정도 찼지만, 곧 역사가 있었다. 많은 사람이 눈물로 기도했다. 그 다음 집회에는 서 있는 사람이 많았다. 세 번째 집회는 3,000석의 강당이 좁을 만큼 많은 사람이 모였다. 사람이 매우 많이 모이고 깊은 관심을 가지고 있었기 때문에, 밀려나서 밖에 선 사람도 상당수였다. 그렇게 많은 사람이 운집했는데도, 그리스도를 영접하기 위해 사람들을 뚫고 강대상 앞으로 나와 무릎 꿇는 사람이 많았다. 회중들이 죄를 깊이 각성한 것이다.

월요일 밤이 되었다. 또 많이 모일까? 아니면 미국의 월요일 같을까? 그러나 곧 그런 의문은 사라졌다. 교회에 도착해 보니, 사람들이 지붕 위까지 가득하고 복도도 만원이었다. 참으로 놀라운 광경이었다! 1층 위 뒤쪽에 발코니처럼 2층 좌석이 마련되어 있었다. 수많은 얼굴이 긴장된 표정을 하고 우리를 내려다보고 있었다. 그들을 쳐다볼 때, 내 영혼은 끓어오르는 듯했다. 모두가 귀를 세우고 경청했다! 집회 후에 모임이 있다고 언급했다. 약 500명이 돌아갔고, 나머지 사람들은 가려고 하지 않았다. 남아 있는 2,500명에게 나는 계속 말씀을 전했다. 강단 앞에는 금세 구도자가 모여들었다. 나는 조심스럽게 복음을 설명했다. 복음을 들으면서 사람들은 눈물을 주룩주룩 흘렸다. 곧 전부 바닥에 무릎을 꿇고 죄를 고백했으며, 용서를 받고서 그리스도를 영접하고 하나님께 찬양을 드렸다. 바닥에서 일어설 때 그들의 얼굴은 놀랍게도 변화되었다! 기쁨에 찬 눈동자들이 반짝거렸다.

이렇게 해서 나에게는 가장 은혜로운 부흥 집회 가운데 하나라고 볼 수 있는 집회가 끝났다. 미국에서는 그런 경험을 해본 적이 없다. 내가 참여한 그 영광스런 광경을 결코 잊지 못할 것이다. 하나님을 향한 그 영적 갈급함과 목마름! 이런 것이 캐나다에서도 있을 수 있을까? 이 어마어마한 주님의 사람들을 볼 때면 내 온 영혼이 쏟아지는 것 같다. 하나님이 그들을 찾아오셨다! 주님을 찬양한다. 그 크신 이름에 영광을! 그분은 지금도 같은 분이다. 웨슬리와 피니의 하나님, 무디와 이반 로버츠의 하나님은 영원히 동일하신 하나님이다. 지금도 그 하나님은 부흥의 하나님이다. 그분의 손은 결단코 짧지 않고, 그 귀는 결코 어둡지 않다. 기도를 들으시고 응답해 주신다! 할렐루야!

나는 더욱 겸손해지는 것 같았다. 하나님은 내 영혼을 크게 축복해 주셨다. 새롭게 못 박히는 더 깊은 경험이었으며 그분께 한 걸음 더 가까이 가는 것이었다. 거듭 내 심장이 녹아내렸다. 이전과 달리 그 후로는 확실히 '하나님이 먼저' 시다. 나 자신의 계획과 야심은 기쁘게 덮어두고, 하나님의 뜻을 받아들인다. 내 미래는 알 수 없지만 내 삶은 하나님 손안에 있다. 하나님이 내 삶에 깊이 개입하시고 영적 부흥을 주신다면 그보다 큰 만족은 없을 것이다. 외국이든 고국이든 장소는 문제가 아니다. '주가 인도하는 대로 따라가리라.' 전폭적으로 하나님께 나 자신을 드리고 싶고, 매순간 이 세상의 육신을 초월하여 내 복 되신 주님과 끊임없이 교제하며 온전한 관계 가운데 살고 싶다."

나는 유럽, 중근동, 캐나다, 미국 등을 많이 여행하였다. 대서양에서 태평양으로, 멕시코 만에서 5대호로 여러 차례 다녀보았다. 유명한 전도 집회에도 참여하고, 훌륭한 전도자와 성경 교수의 강의도 들었다. 그런데도 러시아에 있는 사람들의 사역에서 나타난 것과 같은 광경은 세계 어느 곳에서도 본 적이 없다.

왜 그럴까? 이것을 어떻게 설명할 것인가? 하나님이 미국을 버리신 것인가? 캐나다에는 소망이 없단 말인가? 영국에서는 그런 기회가 있었던가? 왜 오늘날 이런 나라에는 부흥이 오지 않는가?

간단히 말하면, 부흥에 반드시 필요한 전제 조건이 결여되어 있기 때문이다. 유럽 대륙을 다니면서 살펴보니 그들 가운데 영적 갈급함이 전혀 보이지 않았다. 이 나라들에는 진정하고 심각한 영적 갈급함이 없다. 온 마음을 다하여 하나님을 찾지 않는다.

물질이 우리 눈을 채우고 있다. 매우 안락하고 풍요로우며 심지어 사치스럽기 때문에, 하나님을 필요로 하지 않는 것만 같다. 만일 우리가 소유한 모든 것을 다 벗어버린다면, 그것이 곧 우리 구원임이 입증될지도 모른다.

이곳 사람들은 모이기를 싫어한다. 그래서 사람들의 관심을 끌기 위해 광고에 많은 돈을 쓴다. 극장과 영화관은 물론 무도장과 해변, 유흥장에는 늘 사람들이 붐비는데, 대부분의 교회는 한산하다. 3킬로미터를 걸어서 교회에 찾아와 예배를 드리고, 옥외에서 세 시간이나 서서 설교를 듣는다는 것은 꿈도 못 꾼다. 결국 내 결론은 그들에게 **갈급함**이 없다는 것이다. 세월이 좋아질수록 자동차 여행의 유혹은 더 커진다. 그렇게 되니 하나님은 밀릴 수밖에 없다. 러시아 사람들은 물질적으로 결코 넉넉하지 않지만, 하나님의 풍요함을 간구하는 갈망은 깊다.

조금이나마 여기저기에 영적 갈급함을 지닌 사람들이 남아 있는 것을 하나님께 감사하며, 영국과 미국을 비롯한 많은 나라의 메마른 영혼들을 위해 애통해야 할 것이다. 어려운 재난이나 전쟁, 곤경을 통해서라도 그들에게 하나님을 향한 갈망이 생기기를 간구할 수밖에 없다. 진정한 갈급함이 없는 한, 진정한 부흥은 결코 오지 않는다.

9장

부흥 가운데 나타나는 하나님의 능력

초대 교회 시절은 부흥의 시대였다. 오늘날 세계의 문제를 해결하는 길도 부흥 말고는 없다. 사실 부흥 없이 어느 교회가 존속할 수 있을까? **세상에는 하나님의 강력한 능력이 다시 한 번 나타나기를 간구하는 사람이 많다.** 이 기도들은 응답될 것인가? 부흥이 올 것인가? 만일 그렇게 된다면 어떻게 올까? 우리는 어떤 대가를 치러야 하는가? 부흥이 오게 하려면 우리는 무엇을 해야 할까? “주께서 우리를 다시 살리사 주의 백성이 주를 기뻐하도록 하지 아니하시겠나이까”(시 85:6) 하는 간구가 이 시대와 이 세대에 응답될 것인가? 우리 눈이 하나님을 앙망한다. 하나님만이 자기 백성을 다시 살리실 수 있고, 그렇게 하신다면 교회는 이 세대가 알지 못하던 놀라운 기쁨을 맛보게 될 것이다.

언제 부흥이 필요한가?

대단히 중요한 질문을 몇 가지 던지고 싶다. 우선 우리에게는 언제 부흥이 필요한가? 좀 더 개인적으로 볼 때 **나에게는 언제 부흥이 필요한가?**

우리가 첫 사랑을 잃었을 때가 곧 부흥이 필요한 때다. 구원받은 날을 기억하는가? 영혼을 사랑하고 삶 가운데 하나님의 임재를 경험하던 때는 어떤가? 기도와 간증과 찬송이 그토록 즐겁던 때가 기억나는가? 전도지를 전하면서 감격하고, 특히 한 영혼을 그리스도께로 인도하던 그 감동이 생각나는가? 주님을 위해 열심히 섬기고, 무엇인가 예수님을 위해 일하는 것이 몹시도 즐겁던 때를 기억하고 있는가? 성경 읽기를 얼마나 좋아했던가!

그런데 오늘날에는 어떠한가? 더 이상 아무런 감격도 느끼지 못하는가? 주님의 기쁨이 마음에서 다 떠나버렸는가? 주의 말씀을 읽고 기도하기를 게을리 하고 있지는 않은가? 첫 사랑이 식고 이제는 만사가 그저 평범하게 변했는가? 만약 그렇다면 지금 우리에게는 진정으로 부흥이 필요하다.

영혼에 대한 부담을 느끼지 않을 때 역시 부흥이 필요한 때다. 내가 사랑하는 사람들은 멸망의 길을 가고 있는데 나 혼자 천국을 향해 즐겁게 갈 수 있겠는가? 아무런 부담도 없고 눈물은 마른 채 그저 만족하고 지낼 수 있단 말인가? 내가 천국을 향해 갈 때 그들은 지옥으로 향하고 있다는 것을 잘 알면서도! **내 부모와 자식, 형제와 배우자를 떠올려보라. 나는 구원받고 그들은 버림받았는데 아무런 부담도 느끼지 못하는가?**

집안 식구 가운데 구원받지 못한 아들이나 딸이 있는데 어떻게 태연하게 먹고 잠잘 수 있는가? 한밤중에도 일어나 앉아 그 가족 대신 하나님의 임재를 구하면서 고통하지 않겠는가! 제단 뿔을 붙잡은 채, 기도가 응답되어 그들이 구원받기 전에는 놓을 수 없다고 울부짖지 않겠는가? 눈에는 눈물이 가득하고 마음은 서러움에 터질 것이다. 안 믿는 식구들이 그 위대한 결단을 내리기까지 어떻게 편안하게 쉴 수 있단 말인가? "너와 네 집이 구원을 얻으리라"고 하신 하나님 말씀을 나는 그대로 믿는다. 또 그 말씀을 끝까지 붙잡을 것이다. 가족 가운데 구원받지 못한 사람이 하나라도 있으면 안 된다. 만일 그렇다면 어떻게 그것을 참겠는가?

우리 집 장남은 아홉 살 때 구원받았다. 아내와 내가 그 아이를 그리스도께로 인도했다. 내 설교를 듣고 크게 죄를 깨달은 아이는 주님 앞에서 흐느껴 울었다. 집에 돌아와 보니, 눈이 벌겋게 되도록 울어서 눈물 자국이 남은 얼굴로 구원받고 싶다고 했다. 아이는 그날 자기 침대 곁에서 구원받았다. 현재 밴쿠버에서 전문가로 일하고 있는데, 지금도 주님 일을 위해 열심히 뛰고 있다.

우리 딸은 열 살 때 구원받았다. 아내와 내가 침대 곁에서 무릎을 꿇고 기도하면서 복음을 전할 때, 딸아이는 구원을 받아야 한다는 것을 깊이 깨달은 것이다. 딸아이는 현재 세 아이의 엄마로 글도 쓰고 그림도 그린다. 그리고 여전히 주님을 위한 일에 대단히 열심이다.

막내아들은 다섯 살이 채 못 되던 해에 구원받았는데, 피플즈 교회에서 목회를 했다. 어느 날 설교 후 초청 시간을 가졌는데, 다섯 살 된 꼬마가 아주 진지하고 결연한 표정을 지으며 통로를 걸어 나와, 강단 앞에 무릎을 꿇는 것이었다. 그날 아이의 마음에 그리스도께서 오셨다.

평생 목회를 하면서 확신하는 한 가지는 복음을 전한 뒤 그 복음을 들

은 사람들에게 그날 그곳에서 그리스도를 구주로 영접할 기회를 주지 않고 그대로 축도하고 돌아가라고 할 수는 없다는 것이다. 목회자가 주일마다 설교하면서 구원받기 위해 강단 앞으로 걸어 나오는 사람을 보지 못하고 그냥 지낸다는 것은 내게는 상상도 못할 일이다. 이것은 법관이 판결을 위해 나서는 것과 마찬가지다. 판결을 내리지 않았다면 판결을 내려야 한다. 판결을 전혀 내리지 않는 것은 어딘가가 잘못된 것이다. 하나님이 열매를 약속하셨으며, 씨를 뿌릴 뿐 아니라 거두는 것도 목회자의 특권이기 때문이다.

내가 목회를 하는 동안에는 언제나 결신 초청을 했다. 주일 저녁마다 설교 후에는 주님을 영접할 사람을 앞으로 나오게 하고 상담실로 인도하여 구원받게 했다. 이 때문에 실망한 적은 거의 없다. 아무도 나오지 않을 때는 곧 집으로 돌아가 바닥에 머리를 대고 하나님을 향해 "제 어디가 잘못되었습니까? 무엇 때문입니까?" 하고 소리치고 싶은 심정이었다. 나는 자신을 책망했다. 실제로 어떤 때에는 교회의 모든 개인 전도자가 머리를 깊이 숙이고 고통을 느낄 만큼 안타깝게 기도하며 해결받을 때까지 간구하기도 했다. 그러고 나서 주의 기쁨으로 환해진 얼굴로 상담실에 들어가 구도자와 상담했다. 그들은 결과를 기대했으며, 결코 실망하지 않았다. 실제로 주일 밤마다 새로운 결신자가 있었다. 결신자가 많지 않은 밤도 있으나 반드시 몇 명은 나왔다. 참 이상하게도 어느 주일 밤에는 아무도 공중 앞에 나오지 않았는데, 예배 후에라도 열매는 반드시 있었다.

"네 믿음대로 될지니라"라는 말씀처럼 결과를 얻을 것이라고 믿으면 그 결과를 얻는다. 믿음으로 초청 시간을 가진다면 하나님이 역사하실 것이다. 설교하는 순간부터, 나는 기회를 주면 반드시 호응하는 사람이 나올 것이라고 기대한다.

영혼에 대한 부담을 느끼지 못하는 사람에게 부흥이 반드시 필요하다. 열매 없이 1년, 2년을 보냈다면, 어딘가 크게 잘못되었음을 다시 한번 기억하라. 이제라도 무릎을 꿇고 자백과 회개의 기도를 드리며 하나님이 천국 문을 여시고 마음속에 부흥을 주시길 간구해야 한다. 내 마음에 불이 붙은 후에야 다른 사람들 마음에 불씨를 옮길 수 있다. 그럴 때에 결국 온 교회가 하나님을 위한 불덩이가 될 것이다.

무슨 일이 벌어지는가?

부흥이 오면 무슨 일이 벌어지는가? 많은 사역자와 교회 지도자, 교회들이 그다지 부흥을 원하지 않는다. 그때 벌어지는 일이 두려운 것이다. 광신적인 것이 두렵고 간섭받는 것이 싫기 때문이다. 잘 준비된 예배 순서에 따라 공식적인 예배를 진행하며, 프로그램대로 시작하고 정확하게 마치는 편이 훨씬 낫다고 여긴다. 사람들은 보통 부흥이 오면 예배 순서가 흩어지리라고 생각한다. 부흥을 다룬 책을 읽고 알게 된 것은 언제든지 부흥이 오면 하나님이 그 현장에 임하시며, 하나님이 함께하시면 언제나 그분의 간섭이 있다는 것이다.

사도행전은 이런 간섭을 많이 볼 수 있는 책이다. 소란도 많고, 끊임없이 여러 소요 사태가 벌어진다. 계획대로 되는 일이 없는 것처럼 보인다. 베드로와 바울은 물론 빌립도 그런 소란과 기적, 하나님의 간섭을 경험했다. 그들은 과연 그 다음에 무슨 일이 일어날지를 거의 예측하지 못했다. 부흥이 오면 이런 간섭이 많기 마련이다.

우선 **부흥은 누구보다도 하나님의 백성을 위한 것이다.** 부흥은 구원받지 않은 사람을 위한 것이 아니지만, 비그리스도인들이 그리스도께로 돌아오지 않는 부흥은 이제껏 한 번도 없었다. 그렇지만 부흥은 원래 교회와 하나님의 백성과 연관된 것이다. 불이 완전히 꺼진 다음에는 불을 다시 일으키지 못한다. 적어도 작은 불씨가 남아 있어야 바람을 불어 다시 불을 크게 붙일 수 있다. 마지막 불씨까지 꺼져버렸다면 소망이 없다. 처음부터 새 불씨를 만들어내야 한다.

부흥도 마찬가지다. 부흥이 될 만한 어떤 것이 남아 있어야 한다. 죽은 사람은 소생될 수 없다. 죽음에서 먼저 깨어나야 한다. 그러나 살아 있는 그리스도인은 언제라도 부흥될 수 있다. 따라서 부흥은 반드시 하나님의 백성에게서 시작되는 것이다.

그런데 하나님의 백성이 불붙지 않으면, 사탄의 자식들이 불 주변에 모일 것이다. 그런 부흥은 그리 오래 가지 못한다. 불만큼 매력적인 것이 없다. 어느 집에 불이 나면 사방에서 많은 구경꾼이 모여든다. 부흥도 그러하다. **교회가 진정으로 불붙으면 온 세상이 그것을 보고 매료될 것이다.**

그러므로 부흥은 먼저 그리스도인들과 관련이 있지만, 언제나 많은 영혼이 구원받는 역사가 일어난다. 시편 기자가 "주께서 우리를 다시 살리사"라고 하면서 특히 "우리"를 강조했는데 이것은 하나님의 백성을 뜻한다.

구원

부흥이 오면 영혼이 구원받는다. 죄를 깊이 각성하고 성령께서 그 죄를 깨닫게 한다. 죄는 두렵고 끔찍하며 심각한 것이 된다. 이 시대는 그 각성을 과거 일로 지나쳐버리는 경향이 있다! 오늘날 이런 죄를 얼마나 가볍게 여기고 있는가! 하나님이 보실 때에는 몹시 두려운 일이다! 이런 죄의 무서움을 느끼게 하기 위해서도, 우리에게는 부흥이 필요하다. 그렇게 되면 죄를 깊이 각성하게 될 것이다. 영혼들이 구원을 받을 것이다.

앞서 하나님의 능력에 대해 말한 대로, 부흥은 곧 하나님의 능력이 나타나는 것이다. “너희가 하나님의 능력을 알지 못하도다”(막 12:24 참고)라는 말씀은 매우 충격적이다. 이것은 오늘날에도 사실이지 않은가! 우리는 하나님의 능력을 너무 모르고 있다. “주의 권능이 함께하시더라”라는 표현도 그러하다. 예배를 끝내면서 우리는 “주의 권능이 우리와 함께하셨다”고 말할 수 있는가? 우리 예배는 매우 냉랭하며 형식적이고 평범해서 도대체 하나님이 함께하시는지 전혀 알 수 없는 경우가 비일비재하다.

“사람들이 다 하나님의 위엄에 놀라니라”(눅 9:43). 다시 물어보자. 이렇게 놀란 적이 있는가? 우리 예배를 통해 사람들이 하나님께 놀라게 되면 무슨 일이 벌어지는가? **마지막으로 하나님의 능력이 나타나심을 목격한 적이 언제인가?** 우리는 놀란 적이 있는가? 그런 능력을 아는가? 아니면 그런 능력은 우리에게 전혀 낯선, 과거 초대 교회의 경험일 뿐인가?

부흥이 일어나고 있을 때에는 온 동네 분위기가 하나님의 임재로 충만해진다는 것을 아는가? 켄터키에서 일어난 일이다. 집회가 열리고 있는 장소로 낯선 사람들이 오고 있었다. 마을 근처까지 오자 그곳에 신비한 분위기가 감돌았는데 그것은 하나님의 임재를 의식한 것이라고밖에 설명할 수 없었다. 물론 그들은 집회장에 들어갈 때까지 맑은 정신이었는데 그곳에 가까이 갈수록 하나님이 함께하신다는 것을 더 분명히 의식할 수 있었다. 그들은 그곳에 하나님이 계신 것을 알았다.

심판

부흥이 있는 곳에는 구원뿐 아니라 심판도 나타난다. 과거에 있었던 부흥의 역사를 읽어보라. 의도적으로 하나님의 성령의 역사를 거역하고 대적하던 사람들이 심판을 받아 거꾸러진 사례를 많이 보게 될 것이다. 심지어 어떤 사람들은 아나니아와 삽비라처럼 생명을 잃었다.

찰스 피니는 그러한 일을 여러 번 경험했다. 진정한 부흥이 일어나고 있는 동안에는, 이와 같이 하나님의 능력으로 말미암아 구원의 역사뿐 아니라 심판도 나타난다. 하나님은 대적하는 자들을 처리하는 방법을 아시며, 종종 그 본보기를 보이시기도 한다.

웨슬리는 거의 날마다 그런 경험이 있었다고 말한다. 그가 보는 앞에서 사람들이 하나님께 맞아 쓰러졌으며, 현장에서 한 사람 이상이 심판을 받았다. **부흥이 일어날 때 하나님이나 하나님의 역사를 거스르는 것은 대단히 위험한 일이다.** 비그리스도인들이 갑자기 다른 사람들에 대한 경고로 등장하기도 한다. 하나님은 살아 계신다. 부흥이 오면 사람들은 그 사실을 알게 된다.

흔히 클라크와 벨 운동Clark and Bell campaign이라고 알려진 토론토 태버너클의 집회 기간에 프레드 클라크Fred Clark 목사가 한 이야기가 기억난다. 올드 랜드Old Land의 어느 마을에 사는 살롱 주인의 이야기다. 부흥이 크게 일어나면서 살롱 손님이 줄자 그 주인은 격렬하게 집회에 반대하는 사람이 되었다. 어느 날 밤 살롱 주인은 손님을 다시 불러들이기 위해 전도자를 비난하기로 작정했다.

그리하여 그날 밤 집회에 참석했다. 클라크 목사는 설교 본문을 찾으려고 애썼는데 하나님이 그에게 주시는 구절은 "너는 네 집에 유언하라 네가 죽고 살지 못하리라"(사 38:1)는 것뿐이었다. 다른 구절을 택하려고 여러 차례 찾았지만, 도저히 아무 구절도 머리에 떠오르지 않았다.

결국 그는 그 구절을 설교 본문으로 사용하기로 결정하고 시간이 되어 설교를 시작했다. 바로 그때, 살롱 주인이 자리에서 벌떡 일어서더니 모든 사람이 질겁할 정도로 욕설을 퍼부었다. 그러더니 갑자기 잠잠해졌는데 다음 순간 그의 목에서 물을 삼키는 것 같은 이상한 소리가 났다. 곧 심한 기침을 시작하더니 목구멍에서 시뻘건 피가 쏟아져 나오고, 이내 마룻바닥에 쓰러져 어느새 차디찬 시체로 변하고 말았다. 하나님의 심판이 몹시 충격적이었기 때문에 구원받지 못한 사람들이 그날 밤 모두 그리스도께 돌아오는 역사가 일어났다. 이와 같이 부흥을 통해 하나님은 구원의 역사뿐 아니라 심판도 행하신다.

성취

부흥이 오면 보통 때에 교회가 여러 해에 걸쳐 이루어질 일이 2-3주 안

에 성취된다. 다시 말해 하나님은 그때에 더 많은 일을 행하신다. 그것을 증명해 줄 몇 가지 실례를 소개한다.

영국에서 전국 대회를 열고 있을 때다. 나는 영국과 아일랜드, 스코틀랜드의 대도시에서 설교한 뒤 웨일즈로 갔다. 그곳은 내가 전도 사역을 했던 곳으로 특히 1904년의 부흥을 기억하고 있기 때문에 대단한 관심을 갖고 있었다. 그 강력한 부흥의 메아리는 대서양 건너까지 울려왔으며, 하나님이 웨일즈에서 행하신 역사를 듣고 읽는 동안 내 영혼은 다시 한 번 불길이 솟아오르는 것 같았다.

나는 웨일즈 부흥에서 강력하게 쓰임받은 이반 로버츠를 만나러 갔다. 그는 카디프 근방에 있는 아주 작고 허름한 집에 살고 있었다. 나는 그를 꼭 만나고 싶었다. 마치 하나님이 이반 로버츠를 선정選定하셔서 남달리 크게 쓰시고, 여러 해가 지난 다음에는 여생을 쉬며 지내도록 하신 것 같았다. 그의 이름은 수많은 사람에게 알려졌다. 그 후에 그는 주님께로 갔다. 바로 얼마 전, 나는 그가 친필로 쓴 편지를 받았다. 1904년에 있었던 그의 사역은 크게 자랑할 만한 것이다!

나는 웨일즈에서 5주 동안 20,000명이 회심하여 교회에 **등록했다**는 사실을 알았다. 미국이나 캐나다, 영국에서 모든 교역자가 동원된다면 5주 동안 20,000명이 회심하고 모두 교회에 들어오도록 할 수 있을까? 평범하게 일해서는 결코 이런 일이 일어날 수 없다. 전혀 불가능한 일이지만 웨일즈에서는 실제로 일어났다. 즉 5주 만에 20,000명이 모두 교회에 등록한 것이다.

찰스 피니가 위대한 부흥 사역을 시작할 때, 미국 교인이 얼마였는지 아는가? 약 20만 명이었다. 한번 심각하게 생각해 보라! 그 거대한 나라에 교인이 20만 명뿐이었다. 그런데 피니가 몇 년 동안 전도 사역을 마친 후에 그 수가 얼마로 늘었는지 아는가? 300만 명이 넘었다! 한 사람의 놀라운 사역으로 300만 명이 된 것이다! 기적 아닌가! 이런 위대한 결과가 어디서 또 일어날 수 있다고 보는가? **일반적으로 교회가 수년에 걸쳐 이룰 일을 실제로 하나님은 부흥을 통해서 몇 주 만에 그보다 훨씬 많이 이루시지 않는가?**

피니가 뉴욕의 로체스터 시에서 집회를 열었을 때, 대략 10만 명이 교회에 새로 등록했다는 통계가 있다. 한 사람의 집회가 큰 부흥이 되면서, 그 결과 10만 명이 예수 그리스도를 영접하고 로체스터 여러 교회의 교인이 되었다는 것을 생각해 보라. 부흥이 아니라면 어디서 이런 일이 다시 일어날 수 있겠는가!

초기 감리교 설교자들이 캐나다와 미국으로 건너올 때에는 목회자로 온 것이 아니라 불붙은 전도자로 왔다. 그들은 어디를 가든지 부흥의 불길을 붙여놓았다. 그 결과 오늘날 미국에는 1,000만 명의 감리교인이 생겼는데, 모두 초기 감리교인이 부흥을 일으킨 결과다. **감리교는 부흥 가운데서 탄생했고, 감리교가 부흥을 일으키는 동안 수많은 영혼이 구원받았다. 이것이 바로 부흥을 통해 하나님이 하시는 일이다.**

10장

오늘날 어떻게 하면 부흥을 일으킬 수 있는가?

이제 문제의 핵심을 다룰 차례다. **부흥은 언제 오는가?** 반드시 해답이 주어져야 할 중요한 질문이다. 오늘날의 교회는 참으로 딱한 처지에 놓여 있다. 반드시 부흥이 와야 한다. 복음의 열정과 열심의 큰 파도가 없으면, 하나님의 백성의 영적 유산을 회복시키지 못한다. 이제 "부흥은 언제 오는가?"라는 문제를 살펴보자.

하나님의 백성이 대가를 치를 때 부흥이 온다. 물론 여기에 반론을 제기할 사람이 있을 것이다. 부흥에는 구별되는 두 가지 관점이 있다고 생각하며, 나도 그 관점들에 상당히 익숙하다. 하나는 부흥은 절대로 만들어지는 것이 아니라는 의견이다. 준비 작업이 있는 것이 아니라 무릎 꿇고 기도할 뿐이며, 우리는 아무것도 할 일이 없다는 것이다. 하나님이 주권자이시기 때문이다. 하나님은 원하시는 일을 원하시는 때에 하시기 때문에 우리는 그분을 방해하거나 독촉할 수가 없다. 우리가 할 일은 기도뿐이다. 더 이상 할 일이 없다고 생각하는 것이다. 또 다른 관점은 우리가 부흥을 위해 무엇인가 할 일이 있다는 것으로, 우리에게도 책임이 있다는 의견이다.

두 농부가 생각난다. 한 사람은 자기 밭을 보고 다음과 같이 중얼거린다. "금년에는 큰 수확을 올려야겠어. 그렇지만 그것은 내 일이 아니지. 내가 할 일은 없으니까." 그러고는 집으로 돌아가 커다란 벽난로 앞에 앉아 풍년을 위해 기도한다.

그런데 또 한 사람은 생각이 다르다. "나도 금년에는 많이 수확해야지. 그러자면 할 일이 대단히 많겠구나. 최선을 다해 내가 할 일을 한다면 많이 추수할 수 있을 거야." 그러고는 밭으로 나간다. 땅을 일궈 흙을 고르게 하고 씨를 뿌린다. 필요하다고 생각하는 일을 성실하게 다 마친 뒤에는 하나님께 믿음으로 비와 햇빛 주시기를 구하고 수확의 날을 기대한다.

이 두 농부 가운데 어느 사람이 정상인가? 조금도 지체 없이 후자를 지적할 것이다. 사실 그는 자기가 아는 일반적인 상식을 사용한 것뿐이다.

부흥도 마찬가지다. 물론 부흥은 하나님이 보내시는 것이지만, 부흥이 있기 전에 우리가 할 수 있는 일과 해야 될 일이 상당히 많다. **부흥의 역사를 연구하고 내 경험을 근거로 확인할 수 있는 사실은 어느 교회, 어느 공동체든 대가를 치르기만 한다면 어느 때든 부흥을 경험할 수 있다는 것이다.**

찰스 피니는 부여된 조건을 충족시키기만 하면, 어느 지역에서나 부흥을 볼 수 있음을 여러 번 증명했다. 어떤 마을은 사람들이 황량하고 무관심하여 하나님의 일에는 전혀 관심을 보이지 않았는데, 그런 마을도 어떤 조건을 충족시키자 그렇게 불가능해 보이던 부흥이 강력하게 일어났다.

사실상 부흥은 언제나 영적으로 쇠퇴기일 때 온다. 가장 필요하다고 느낄 때, 하나님은 메말라 갈라지고 타들어가는 땅에 물을 부으시는 것이다. 물이 가장 필요한 때가 바로 그때다. 존 웨슬리가 전도 사역을 수행하던 때만큼 영국 사회가 어두웠던 시기도 없었다. 그러나 바로 그러한 때에 하나님은 부흥을 주셨다. 1859년 아일랜드 부흥과 1904년 웨일즈 부흥도 그러한 시기와 연관이 있다.

오늘날도 마찬가지다. 우리에게 진정으로 부흥이 필요한 때는 바로 지금이다.

부흥이 우리에게 달렸다면, 조건을 충족시켜야 하고 대가를 치러야 한다면, 그 조건은 무엇이며 우리가 치러야 할 대가는 무엇인가?

자백과 배상

1906년, 토레이 박사가 캐나다 토론토에 있는 메시 홀에서 대집회를 가질 때 가로 15센티미터, 세로 약 3센티미터쯤 되는 쪽지를 나눠주었다. 그 쪽지에는 빨간 글자로 이렇게 적혀 있었다. **"하나님과 바른 관계를 가지십시오."** 이 작은 쪽지는 수만 장 인쇄되어 토론토 시내 전역에 살포되었다. 양면 모두 글씨를 인쇄했기 때문에 어느 쪽으로 떨어져도 그 내용이 보였다. 쪽지들은 길거리와 상점 바닥뿐 아니라, 자동차 지붕을 비롯해서 사방 구석구석에 떨어져서 지나는 행인들에게 "하나님과 바른 관계를 가지십시오"라고 말하고 있었다. 그 결과 얼마나 많은 사람이 찔림을 받고 결국 구원받게 되었는지는 하나님만이 아신다.

우리가 하나님과 올바른 관계를 맺을 때 부흥이 온다. 어떻게 하면 하나님과 올바른 관계를 맺는가? 바로 자백과 보상이다. 자백에는 세 가지 종류가 있다. 물론 지금 말하는 것은 그리스도인에게 해당하는 것이다. 그리스도인은 죄를 자백해야 하고, 필요한 보상을 해야 한다.

첫째, 사적인 자백이 있다. 죄를 지었는데 그것이 하나님께 대한 죄이고 다른 사람들은 전혀 알지 못하는 것이라면, 하나님께만 자백하면 해결된다.

둘째, 대인적 자백이 있다. 특정한 사람에게 죄를 지었고 그 사람에게 말하기 전에는 용서받지 못할 성질의 죄라면, 하나님께 자백할 뿐 아니라 그 사람에게도 자백해야 한다. 사과해야 하는 경우도 있다.

셋째, 공개적인 자백이 있다. 온 교회에 지은 죄라든지 많은 사람이 이미 알고 있는 죄일 경우, 모든 사람 앞에서 공개적으로 자백하지 않으면 그 잘못이 처리되지 않는다.

나는 전도 사역을 할 때 죄 자백의 문제를 대단히 신중하게 다룬다. 개인적인 죄를 자백하도록 권고하지는 않는다. 하나님께만 지은 죄라면 혼자 조용히 하나님께 자백하여 처리하도록 권한다. 잘못 공개하여 다른 사람들을 놀라게 하거나, 알려지지 않아야 할 것을 자백하여 다른 사람의 마음을 무겁게 하는 것은 옳지 않기 때문이다. 그러나 다른 사람과의 관계에서 벌어진 죄라면, 먼저 하나님께 말씀드리되 당사자에게 반드시 고백해야 한다고 강조한다. 그리고 온 교회가 다 알고 있는 공개적인 죄일 경우, 공개적으로 자백하지 않으면 해결되지 않는다.

> 내가 나의 마음에 죄악을 품었더라면 주께서 듣지 아니하시리라(시 66:18).

내 마음에 죄를 품고 있다면, 하나님은 내가 무엇을 말하든 그 기도를 듣지 않으실 것이다. 주위 사람들이 전혀 모른다 해도 죄가 있다면 하나님은 그것을 보고 계시며, 그 죄를 자백하고 버리지 않는 한 내 기도를 듣지 않으신다.

요한일서 1장 9절은 "만일 우리가 우리 죄를 자백하면 그는 미쁘시고 의로우사 우리 죄를 사하시며"라고 말한다. 다시 말해 그리스도인인 우리가 죄를 자백하면 하나님이 용서해 주신다는 것이다. 그분이 약속하신 것이기에 믿을 만하며, 우리를 구속하셨기 때문에 의로우시다. 자백된 죄는 용서된 죄다. 그리고 용서받은 죄는 이미 청산된 것이다.

> 여호와의 손이 짧아 구원하지 못하심도 아니요 귀가 둔하여 듣지 못하심도 아니라 오직 너희 죄악이 너희와 너희 하나님 사이를 갈라놓았고 너희 죄가 그의 얼굴을 가리어서 너희에게서 듣지 않으시게 함이니라(사 59:1-2).

잘못은 하나님께 있는 것이 아니라 나에게 있다. 하나님의 손은 넉넉히 길다. 그분은 손을 뻗어 잃어버린 사람들을 구원하실 수 있다. 어떤 사람이 물에 빠져서 격류에 휘말려 떠내려가고 있는 장면을 상상해 보라. 사람들이 손을 뻗어 그 사람을 붙잡아 건지려 하지만, 사람마다 팔이 짧아 떠내려가는 사람을 구하지 못한다. 그러나 하나님의 팔은 그렇지 않다. 빠져 떠내려가는 사람에게 충분히 도달한다. 하나님은 넉넉히 구조하실 수 있다.

그러면 무엇이 문제인가? 바로 "내 죄, 내 허물"이 문제다. 죄는 마치 먹장구름 같아서, 하나님의 얼굴을 가려 하나님과 사람 사이를 분리시켰다. 그래서 하나님이 구원하실 수 없게 된 것이다. 잘못은 전적으로 사람에게 있다.

그리스도인이라 해도 우리는 죄를 지을 수 있는 모든 가능성을 지니고 있다. 모든 죄를 용서받고 해결했지만 어쩌면 한 가지가 남아 어디를 가든지 따라다니며 우리를 얽어매고 있을지 모른다. 그것은 습관일 수도 있다. 그 습관이 전혀 해롭지 않다고 스스로 변명하려고 애쓰고 있지는 않은가? 그래도 그것은 실재하며 하나님과 우리 사이를 자주 방해한다.

또는 죄를 짓고 자백하고 또 범죄하고 자백하지만 시원한 해결책이 없지 않은가? 우리는 여전히 때때로 죄에 깊이 빠져버린다. 연약할 때에는 그 "단골" 같은 얽매이기 쉬운 죄에 지고 만다. 이제는 그 죄가 강해져서 끊지도 못하는 상태가 되고 말았는가? 그러면서 그 죄는 아주 싫지는 않은 달콤한 한 모금의 설탕물 같아서, 완전히 포기하지는 않으려는 마음도 있다. 그것이 무엇인지는 자신도 알고 하나님도 아신다.

사실은 그 죄 때문에 우리 속에서 영적인 능력을 박탈당하고 있다는 것을 아는가? 그 죄 때문에 하나님은 우리를 쓰실 수가 없다. 그 죄를 회개하고 완전히 처리해버리기 전에는 결코 하나님과 관계를 정상화할 수 없다. 자신이 생각하기에 잘못된 것은 그것이 무엇이든 철저히 버려본 적이 있는가? 그렇지 않다면 잘못되어 있다는 것을 알면서도 의도적으로 그 죄를 삶 가운데 묵인하고 있지는 않은가? 이것은 우리 자신이 대답할 문제다.

한 가지 덧붙이자면, 자백에는 반드시 포기도 포함되어야 한다. 즉 죄를 완전히 포기하여 버리지 않으면, 비록 자백한다 해도 용서받지 못할 것이다.

많은 사람이 미지근하거나 냉랭하거나 무관심하다. 어떤 사람은 구원의 기쁨을 경험하지 못하고, 어떤 사람은 하나님 말씀을 읽고 기도하는데 게으르고, 또 어떤 사람은 기도에 응답받지 못하기 때문에 간증이 없다. 이 모든 문제의 가장 심각한 이유는 아직도 고백하지 않은 은밀한 죄가 마음 한구석에 남아 있기 때문이다. 왜 자백하지 않는가? 하나님께는 어떤 죄도 숨길 수 없다. 그분은 모든 것을 알고 계신다. 모든 것을 자백하고 완전한 용서를 받으라! 그러기 전까지는 하나님이 우리에게 아무 일도 하실 수 없다.

그러나 하나님과의 관계를 올바르게 세우기 위해서는 이미 언급한 대로 죄를 자백할 뿐 아니라 보상을 해야 한다. 즉 잘못된 것을 시정해야 한다.

사과해야 할 일이 있으면 사과하라. 아직도 청산하지 않은 빚이 남았다면 반드시 갚으라. 하나님은 "아무 빚도 지지 말라"고 말씀하신다. 하나님이 보실 때에 빚은 죄이며, 그리스도인은 결코 빚을 지지 말아야 한다. 적어도 빚을 졌다면 최선을 다해 갚아야 한다. 되도록 모든 책임을 완수할 수 있어야 한다. 동료와의 관계를 바로잡지 않는다면 하나님과도 올바른 관계를 맺을 수 없다. 그것이 해결되어야 하나님의 축복이 머물게 된다.

하나님의 성령께서 그 마음을 감찰하시도록 주님 앞에 나아가 겸손한 마음으로 기도하면, 우리가 갚아야 할 것을 모두 생각나게 하실 것이다.

시정되어야 할 잘못과 처리해야 할 죄가 생각날 것이다.

자백과 보상의 예를 한 가지 소개하겠다. 토론토에 있는 우리 교회에서 있었던 일로, 청년회 지도자에 관한 이야기다. 그는 청년회 기금을 횡령했는데 아무도 그 사실을 몰랐다. 그는 혼자서 아무도 모르게 처리할 생각이었다. 어느 날, 내가 며칠 동안 열린 전도 집회에서 결신 초청을 했는데, 뜻밖에도 그 청년회 지도자가 앞으로 걸어 나왔다. 예상대로 곧장 상담실로 가는 듯하다가 상담실 문 앞에 다다르자 갑자기 뒤로 돌아서서 모든 회중을 향해 자기 죄를 모두 고백하는 것이었다. 그는 두 눈에 눈물이 글썽한 채 모두 털어놓고 용서를 구한 다음 상담실로 들어갔다. 그리고 그곳에서 하나님께 모두 자백하고 믿음을 되찾아 하나님과의 교제를 회복할 수 있었다. 그 후 그는 최선을 다해 자기가 횡령한 돈을 갚으려고 애썼다. 결국 그는 죽기 전에 놀라운 간증을 남기고 갈 수 있었다. 그가 하나님의 요구 조건을 잘 충족했기 때문이다. 정직하게 자백하고 자기가 도용盜用한 것을 모두 갚았기 때문에, 그 마음에 조금도 죄책감을 갖지 않고 주님 곁으로 갈 수 있었다.

사람 눈은 가릴 수 있지만 하나님 눈을 가릴 수는 없다. 하나님 앞에서는 절대 죄가 감춰지지 않는다. 그런데도 죄를 감추려 하기 때문에 하나님께 축복을 받지 못하고 기도가 응답되지 않는 것이다. 하나님이 우리를 사역에 사용하지 않으시는 것은 혹 죄 때문인지도 모른다. 아직도 토설치 않은 죄가 있거나 청산하여 보상해야 할 것이 남아 있는 것이다. 죄를 자백하지 않고 버리지 않은 것이다. 사람들과의 관계가 비정상이기 때문에 하나님과의 관계도 정상일 수가 없다.

하나님과 올바른 관계에 들어가는 길은 자백과 포기, 배상이다. 죄는 커다란 장애물이다. 그 장애물은 어떤 대가를 치르고서라도 반드시 제거되어야 한다. 하나님과 관계가 올바르지 않는 한 결코 부흥은 오지 않는다. 다시 한 번 말하지만 그 관계가 바르게 되려면 자백하고 배상해야 한다. 이 대가를 치르려고 작정하는 자들에게 하나님의 축복이 있기를.

기도의 진통

기도 가운데 진통하는 법을 배울 때 부흥이 온다. 성경은 "시온은 진통하는 즉시 그 아들을 순산하였도다"(사 66:8)고 했다. 고통 없이 아기를 출산할 수 있는가? 진통도 없이 어린아이를 해산할 수 있는가? 절대로 그럴 수 없다. 하나님은 이 세상에 어떤 생명이 태어나든지, 반드시 고통과 아픔이 있을 것이라고 말씀하셨다. 진통은 피할 수 없다.

하나님 나라에 생명이 태어나는 것도 이와 같다. 누군가가 아픔을 경험하고 누군가가 진통을 겪어야 한다. 영혼의 고통이 있다. 오늘날에 구원받는 사람이 적은 이유는 대부분의 사람들이 진통하기를 피하기 때문이다. 우리가 능력 있는 기도를 하려면 이런 영혼의 고통을 감수하던 때로 돌아가야 한다. 영혼들이 하나님 나라에 태어나고 부흥이 오려면 온 밤을 기도로 지새우며, 제단 뿔을 잡고 기도의 진통을 감수하고자 하는 사람이 다시 한 번 많아져야 한다.

수년 전 토론토의 데일 장로교회에서 목회할 때, 6주간 부흥 집회를 인도한 적이 있다. 나는 휴식도 없이 공휴일까지 밤마다 집회를 계속했다. 아침 일찍 일어나 기도실에서 거의 하루 종일 금식하며 기도했다. 어떤 날은 밤을 새기도 하고, 또 어떤 날은 저녁 시간 내내 기도하며 보내기도 했다. 우리는 계속 기도회로 모였다. 그리고 각자 기도하는 시간을 할당하여 기도를 이어갔다.

사람들이 죄를 깊이 각성했고, 많은 영혼이 구원받았다. 기도의 기회를 잃은 적이 없었다. 국가 공휴일이나 지역 휴일이 되면 금식과 기도로 하루를 보내는 것이 보통이었다. 그 결과 하나님은 강력한 부흥을 보내주셨고, 어떤 권고나 간청 없이도 수많은 사람이 제단 앞에 나왔으며 주 예수께 그들의 생애를 헌신했다.

전도자들은 대부분 노래를 부르는 찬송 인도자를 동반하고 다녔다. 피니에게는 내쉬Nash라는 기도의 동반자가 있어서, 피니가 설교할 때에는 내쉬가 기도했다. 피니가 설교할 시간이면 숲 속 어디에선가 이 기도의 용사는 두 손에 얼굴을 파묻고 하나님이 피니를 사용하셔서 수많은 영혼을 구원하길 진통 중에 간구했다. 피니 자신은 기도의 진통이 무엇인지 알고 있었다. 윌리엄 브람웰은 영혼의 구원을 위해, 거의 36시간 동안 금식한 채 모랫바닥에서 기도하기도 했다. 역사를 살펴볼 때, 모든 하나님의 종은 기도의 진통을 경험했다. **기도의 고통을 아는 사람은 이 말을 이해한다. 이러한 영혼의 고통은 부흥을 위해 치러야 할 대가이기 때문이다.**

말씀 선포

우리가 담대하게 그리스도를 전할 때 부흥이 온다. 우리는 말씀을 전하는 일로 돌아가야 한다. 영혼을 찌르고 회심시키는 것은 우리의 말이 아니라 하나님의 말씀이다. 그분의 말씀은 방망이와 같아서 강팍한 마음도 부술 수 있다. 또한 칼처럼 찌르며, 불처럼 모두 태워버린다. 부흥이 오려면 하나님의 백성이 용감하게 하나님의 말씀을 선포해야 한다.

부흥과 전도를 연구하면서 나는 하나님께 크게 쓰임받은 인물들은 항상 다섯 가지 주제를 가장 중요시했다는 것을 발견했다. **바로 죄, 구원, 천국, 지옥, 심판이다.** 이 다섯 가지 주제는 죄를 깨닫게 한다. 진정으로 죄를 각성하려면 **죄**가 드러나야 하기 때문에, 상당히 많은 메시지가 죄를 다룬다. 질병이 있으면 그 병이 환자의 곤경을 드러낸다. 죄를 다룰 때, 나는 특히 불신과 그리스도를 거절하는 것에 대해 깊이 생각한다. 인간이 하나님의 눈앞에서 죄인이라는 사실이 확실하게 강조되어야 한다.

사람들은 자신이 잃어버린 사람이며, 인격이 망가지고 지옥에 갈 수밖에 없으며, 죄와 허물로 죽었다는 사실을 깨달아야 한다. 또한 그 죄 때문에 그리스도를 십자가에 못 박았다는 것을 깨달아야 한다. 이런 깨달음이 있어야 진정한 각성이 온다.

그 다음에는 치료, 즉 질병을 고치는 **구원**이 있어야 한다. 그러므로 구원 메시지는 필수다. 또 필요한 것이 있다. 영혼들의 영원과 대면해야 하므로 **천국**과 **지옥**에 관한 메시지도 반드시 필요하다. 영원이란 것이 실제적으로 드러나야 한다. 사람들이 죽음에서 생명이 끝나는 것이 아니라 다가올 새로운 차원의 생명을 생각하도록 해야 한다. 이 영원의 문제를 깊이 다루어야 한다. 그것만으로도 충분하지 않다. **심판**에 관한 메시지도 반드시 전파되어야 한다. 언젠가 죽은 후에는 조물주를 만나 모든 것을 계산하게 된다는 것을 알려주어야 한다. 그렇기 때문에 "네 하나님 만나기를 준비하라"(암 4:12)는 경고를 전해야 한다.

이 다섯 가지 주제를 다양한 방법으로 제시하면, 반드시 각성과 구원, 그리고 이에 따르는 부흥이 온다. 이런 것들은 이미 사도들이 사용한 주제들이며, 역사를 통해서 부흥과 전도의 큰 역사가 있을 때마다 특별하게 강조된 주안점들이다.

성령의 부으심

성령의 부으심 가운데서 역사할 때 부흥이 온다. 이 일을 행하시는 분은 성령이시다. 그분은 하나님의 집행자이시다. 그리고 지금은 성령의 시대다. 인간의 마음에 역사하셔서 죄를 각성시키시고, 구원받는 믿음을 주신다. 성령을 통해서만 인간은 거듭날 수 있다. 하나님 말씀을 전파하시고 적용시키는 분도 성령이시다. 그렇기 때문에 우리는 성령을 의지해야 한다. 반드시 그분의 기름 부으심을 받아야 하며, 하나님의 영의 감동으로만 복음을 전해야 한다.

사역에는 두 가지 방식이 있다. 우리 육신이 원하는 대로 일하는 것과 성령의 능력으로 일하는 것이다. 육신의 힘으로 일하는 데에는 특별한 열정이나 부담, 진통이 반드시 필요하지는 않다. 다만 재능, 재주, 조직, 기구, 교육, 훈련만 있으면 된다. 성령의 능력으로 일하는 것과 얼마나 많이 다른지! 이제 육신의 힘으로 일하든지, 하나님의 성령 안에서 일하든지 둘 중 하나를 결정해야 한다.

하나님은 이것에 대해 어떻게 말씀하시는가?

이는 힘으로 되지 아니하며 능력으로 되지 아니하고 오직 나의 영으로 되느니라(슥 4:6).

다시 말해서 사람의 지능이나 기구, 조직으로 되는 것이 아니라 성령의 능력으로만 가능하다.

성령의 능력으로 사역할 때에는 회중 가운데 특별하고도 신비한 분위기가 나타나지만, 육신의 힘으로 사역할 때에는 이런 신비한 분위기가 결코 나타나지 않는다. 진정으로 영적인 사람은 이 두 가지를 확실하게 분별할 수 있을 것이다.

역사를 통해서 하나님께 쓰임받은 사람들은 기름 부음을 받은 사람들이다. 그들은 위로부터 능력을 받기까지 기다렸고, 받은 후에 나아가 세상을 이기고 또 이겼다.

그 잊지 못할 첫날, 찰스 피니의 말을 들은 사람들은 비록 평범한 인사말과 같던 그의 말을 듣고 후에 회심하게 되었다. 피니는 회심한 지 서너 시간 후에 그의 사무실에서 나올 때 이미 성령의 부으심을 받았고, 그 능력으로 이 사람 저 사람에게 말한 결과 회심의 역사가 일어난 것이다.

존 웨슬리는 성령의 부으심을 받은 사람이며, 조지 휘트필드도 그러했다. 웨슬리가 몇몇 사람과 함께 기도하던 새벽 3시경에 일어난 경험과 간증은 많은 사람이 기억할 것이다.

무디 역시 성령의 부으심을 받은 인물이었다. 그는 하나님의 손이 자신에게 머물게 해달라고 간구하여 놀라운 능력을 받았다. 그 후에 무디는 별다른 열매도 맺지 못하던 과거 설교를 다시 외쳤는데, 이번에는 많은 사람이 마음에 찔림을 받고 구원을 받게 되었다.

이반 로버츠 역시 그러한 사람이다. 그 위대한 경험을 생략해 버린다면, 그에 관한 이야기는 완성되지 못할 것이다. 우리가 기억하는 것처럼 그는 하나님을 만났고, 성령의 능력으로 웨일즈를 부흥의 불구덩이로 만들었으며, 그가 어디를 가든지 부흥이 일어났다. 초기 감리교 전도자들은 모두 성령의 기름 부으심을 받은 사람들이며, 그들이 복음 메시지를 외칠 때마다 대서양 좌우의 모든 나라에 부흥의 불길이 솟아올랐다.

사역자들이 다 깨닫지는 못하겠지만, 하나님께 강력하게 쓰임받은 사람들에게는 신비한 능력이 있었다. 주위 사람들을 놀라게 하고 감동시킨 것은 모두 이러한 능력의 결과 때문이다. 그들은 마치 성령을 옷 입고 있는 것만 같았다. 오늘날 우리에게 요구되는 것이 바로 이러한 부으심이다. 많은 사람이 능력이 없고, 우리의 일을 지식으로만 처리하려 하며, 피상적인 것이 많기 때문에 이제 우리는 다시 한 번 그 유일한 능력의 근원 되시는 하나님의 복 되신 성령께로 돌아서야 한다.

그들이 방언으로 말했다고 하지 않았다. 그들은 방언을 하지 않았다. 웨슬리, 무디, 피니, 그밖에 위대한 인물들도 방언으로 말하지 않았다. 나는 솔직히 말해서 그런 은사를 욕심내 본 적이 없다. 방언을 얻기 위해 기도해 본 적도 없다. 지혜의 은사, 성령 충만, 다른 영혼을 위한 기도의 짐을 위해서는 하나님께 많이 구했지만 방언을 구하지는 않았다. 그 사람들도 그러했다.

이것이 바로 우리가 치러야 할 대가다. 하나님의 백성은 하나님과 올바른 관계를 맺어야 한다. 이것은 자백과 보상으로 가능하며 나아가 죄를 버려야 한다. 또한 기도의 진통을 겪고, 말씀을 전파해야 한다. 끝으로 하나님의 성령의 부으심 안에서 일해야 한다. 우리 모두가 이런 대가를 치를 때 비로소 하나님은 역사하신다.

이제 그런 대가를 기꺼이 치를 수 있겠는가? 부흥의 짐을 받아들여 그 요건을 충족시키고, 부흥이 올 때까지 자신에게 주어진 일을 감당하는 사람이 되려는 마음이 있는가? 하나님의 목적은 반드시 성취되어야 한다. 이제 부흥을 위해 기도하는 사람들과 손을 잡고, 위대한 사도의 명령을 순종하면서 "전도인의 직무를 다하자."

2부

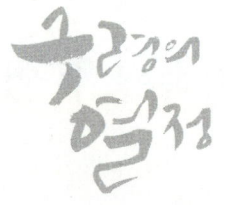

전도,
영혼 구원을 위한
우리의 열정

11장

전도와 부흥은 지속될 수 있는가?

어느 곳에 가든지 우리는 "그 결과가 지속되는가?"라는 질문을 받는다. 사실 부흥과 전도를 부정시하는 주요 이유 가운데 하나가 바로 결과의 지속성이다. 부흥의 결과는 결코 오래 가지 못한다는 잘못된 생각이 이미 많이 퍼져 있는 것이다. 외부 전도자들이 하는 사역보다는 자신들이 더 많은 결과를 얻어야 한다고 느끼는 교역자가 많다. 결과가 오래 가지 못한다고 보기 때문에 효과가 없다고 생각한다. 이 문제는 반드시 답해야 한다.

예수님 시대에도 가시적인 결과는 지속되지 않았다. 심지어 예수님의 사역 결과 중에서도 영속적이지 못한 것이 있었다. 그렇다면 우리의 결과가 영속적이길 바라는 이유는 무엇일까? "그때부터 그의 제자 중에서 많은 사람이 떠나가고 다시 그와 함께 다니지 아니하더라"(요 6:66)는 말씀을 기억하는가? 예수님 당시에도 마음이 전혀 변화되지 않았으면서 그저 예수님을 따른다고 말하는 사람이 많았다. 그들은 진정한 그리스도인처럼 보였을 것이다. 그들도 예수님 사역의 결과였지만 끝까지 남지 않았다. 어려운 일이 닥치고 길이 점점 험해진다는 것을 의식하자마자 곧 떠나버리고 말았다. 다시 말해 그 사람들은 타락해 버린 것이다. 모두 떠나서 "다시 그와 함께 다니지 않았다." 이런 일은 별로 이상한 일이 아니다. 사실상 그렇게 되리라고 짐작해야 할 것이다. 그 가운데에는 언제나 섞인 무리라는 떠돌이가 있으며, 실제로 소유하지 않았으면서 소유했다고 공언하는 사람이 많다. 오늘날 가시적 결과들 가운데 많은 것이 비현실적이라면 이상한 일인가? 그것은 당연한 일이다. 우리가 주님보다 높고, 우리 일이 주님의 일보다 훌륭하단 말인가?

진실과 허위

대적은 항상 알곡 가운데 가라지를 심는다. 이 세상에는 사탄의 자식과 하나님의 자녀가 있으며, 교회 안에도 그런 사람들이 있다. 이들을 명확하게 구별해내기란 매우 어렵다. 거의 서로 닮은 것처럼 보이기 때문이다. 똑같이 행동하고 똑같이 말하기 때문에 사람들이 쉽게 속는다. 가라지를 심는 것은 사탄의 일이며, 특히 부흥이 일어나거나 전도회가 열릴 때에는 대적들도 가라지를 심느라 분주하다.

그런데 실제로는 그 씨들의 4분의 1밖에 열매를 맺지 못한다. 우리 주님이 그렇게 말씀하셨다. 우리가 전도한 사람 가운데 4분의 1이라도 진정으로 회심한다면 만족하지 않겠는가? 오늘날에 비해서 상당히 높은 비율이지 않은가? 무디는 회심하는 사람이 10퍼센트만 되어도 높은 비율이라고 했다. 믿는다고 말한 사람들 가운데 4분의 3이 거짓 신자라

해도 절망할 이유가 안 된다.

나무를 보라. **항상 열매보다 꽃이 더 많이 피지 않는가?** 나무가 온통 꽃으로 덮이지만, 열매는 조금밖에 없을 때가 종종 있다. 그렇다면 왜 실망하는가? 열매가 맺힌 것만으로도 하나님께 감사해야 되지 않는가? 우리는 과일 나무에 꽃이 만발하기를 기대해야 한다. 그리고 열매가 어느 정도 맺히면 그것에 감사할 수 있다. 말로만 믿는 사람이 실제로 믿음을 소유한 사람보다 언제나 더 많게 마련이다.

스코틀랜드에서 집회를 할 때다. 그 나라의 유명한 전도자들과 만날 기회가 많았는데, 그들은 대부분 약 두 세대 전에 무디와 생키Sankey의 전도 대회에서 회심했거나, 그 대회에서 회심한 사람들이 전도한 사람들이었다. **미국이 스코틀랜드에 준 최고의 선물은 무디다.** 무디는 실제로 고국인 미국보다 스코틀랜드에서 더 크게 사역했다. 그곳에 있던 사람들은 결코 무디를 잊지 못할 것이다. 무디와 생키의 집회가 끼친 충동이 전국을 뒤흔들어 스코틀랜드는 옛날 그대로 있을 수가 없었다. 그러므로 스코틀랜드의 경우는 부흥의 결과가 오래 지속되었다고 할 수 있다. 무디와 생키가 없었다면 스코틀랜드가 어떻게 되었을지 생각하면 전율을 느낀다. 스코틀랜드에는 그들의 이름을 모르는 사람이 없을 정도다.

그리고 **존 웨슬리에 의한 감리교가 있다.** 웨슬리와 휘트필드는 영국 섬 지방을 다니면서 전도 집회와 부흥회를 열었다. 사도 시대 이후 이 세상에서 가장 위대한 구령자는 감리교회에 있었다. 그 결과가 지속되지 않았다고 말할 사람이 있겠는가? 수백만 명이 넘는 감리교 자체가 그 대답이다. 웨슬리에 의한 부흥들은 결코 허사가 아니었다. 물론 그 결과도 지속적이었다.

사도 바울의 사역 결과는 어떠한가? 그의 사역 결과는 지속되었는가? 아니면 그대로 사라져버렸는가? 기독교가 이 질문에 답해 줄 것이다. 바울이 없었다면, 유럽에는 결코 복음이 전해지지 않았을지도 모른다. 만일 바울이 서방으로 가지 않고 동방으로 갔다면, 북미 대륙은 아직까지 어둠 속에 있을 것이다. 바울의 설교는 어디에서나 부흥을 일으켰다. 전도는 시대의 명령이었으며, 이제까지 거의 2,000년 동안 전도 사역은 점점 더 크게 확대되었다. 결국 이 모든 것은 부흥의 결과가 지속된다는 것을 증명한다. **전도와 부흥 사역만큼 오래 존속하는 것은 없다.**

오늘날의 문제

과거 어느 때보다 오늘날 열매를 얻기가 어렵다는 것은 사실이다. 심지어 어느 대형 교회에서는 더 이상 전도 집회를 여는 것이 두렵다고까지 말한다. 주일에는 사람들이 모이지만, 평일에는 모이지 않기 때문이다. 집회 비용을 부담하는 것도 점차 어려워한다. 그 이유가 무엇일까? 나 역시 궁금하다.

대충 넘길 수 없는 이유가 있을지도 모른다. 교회 기관을 통해 그리스도를 믿게 되자마자, 그들은 그들이 구원받은 교회와는 거리가 먼 외부 기관에 가입하도록 종용받거나 전도 운동 같은 일에 시간을 보내도록 독촉받는 경우가 많다.

토론토에서 처음으로 전도 대회를 주관했을 때, 나는 거의 매일 밤 모든 사람이 자기 자리를 지키는 것을 볼 수 있었다. 안내자, 상담자, 기도대원, 자원 성가대원 등 각자가 맡은 역할을 해내고 있었다. 이들은 밤마다 바로 그 자리에서 자기 일을 감당했다. 요즘은 어떠한가? 집회 기간 내내 한두 번 눈에 띄는 정도다. 전혀 책임 의식을 느끼지 않는다. 그들은 모두 어디에 있는가? 축하연이나 저녁 식사 모임, 또는 그들이 소속해 있는 위원회나 사업 회의에 참석하고 있는 것이다.

그들은 상당히 화려한 일들을 하고 있지만, 대부분 그 달란트와 재능을 전혀 다른 곳에 소모하고 있다. 그리고 하나님의 유일한 영적 기구인 교회는 그런 사람을 잃고 있다. 동역자 없이는 구령 전도 집회를 할 수 없다. 만일 그 사람들이 교회의 구령 사역을 위해 그만 한 노력과 금전을 투자했다면, 전도자들은 여전히 힘 있게 그 일을 수행해 나가고 있을 것이다.

나는 이 문제를 어떻게 해결해야 할지 명확하게 알지는 못한다. 물론 그들이 부르심을 받은 일에서 손을 떼게 하려는 것은 아니다. 그렇지만 반드시 지적하고 싶은 것은 어느 정도 우리는 한쪽에서 빼온 인력을 다른 쪽에 갖다 쓰고 있다는 사실이다. 어떤 전도 집회가 열리면, 그리스도인 사역자들은 다른 회의나 약속을 제쳐놓고, 매일 밤 집회 장소에 모여 전도자와 목회자에게 힘을 실어주고 사역이 성공하도록 해야 한다. 복음을 전하지 않는 교회는 곧 화석화되어버린다.

또 다른 장애물이 있는데, 바로 자동차와 여름휴가 문제다. 이것은 대단히 심각하다. 오늘날 그리스도인들은 주일에 하나님의 전殿을 잊어버리는 것을 아무렇지도 않게 생각한다. 날씨가 좋으면 곧 차를 타고 휴양지로 떠나는데, 그것도 토요일에 가서 주일 밤이나 월요일에 돌아온다.

그렇기 때문에 교회는 지원자가 줄고 전도 운동은 계속되지 못한다. 실제로 이는 교회가 하절기에는 문을 닫는 데 표를 던지고 있는 셈이다.

이런 어려운 문제가 있을지라도 전도하자. 부흥의 열매는 지속되며 그 일은 영속하기 때문이다.

12장

전도 운동은 부흥이 아니다

전도 운동과 부흥은 어떻게 다른가? 서로 다르다는 것을 알고 있는가? 이 둘의 차이를 발견했는가? 그 차이를 분명하게 알아야 한다. 두 가지를 결코 혼동해서는 안 된다.

1. 전도 운동은 부흥이 아니다

전도 운동을 부흥회라고 부른다고 해서, 부흥이 되는 것은 아니다. 부흥회라고 광고한다 해도 부흥은 아니다. 전도 집회를 며칠 밤 계속하는 것을 부흥회라고 생각한다면 오해다. 부흥은 우리가 할 수 있는 것이 아니다.

전도 운동은 할 수 있어도 부흥을 만들어낼 수는 없다. 전도 운동은 사람이 할 수 있다. 철저하게 조직하고 홍보할 수 있다. 필요한 장비를 총동원하고, 전도 상담자, 대규모 성가대, 안내원 등 다른 모든 것을 준비할 수 있다. 이 모든 것은 관계된 사람들이 다 처리한다. 구원받는 영혼이 상당히 나올 수도 있는데, 그래도 그것은 부흥이 아니라 전도 집회일 뿐이다.

전도 운동이 부흥으로 바뀔 수는 있다. 그러나 전도 집회로 시작하면 그렇게 끝나는 것이 보통이다. 모든 전도 집회가 부흥 집회로 된다면 얼마나 복될까!

2. 전도 운동은 비그리스도인을 그리스도께 돌아오게 하려는 교회의 노력이다

나는 세계 곳곳에서 전도 집회를 했다. 그러나 부흥을 본 적은 많지 않았다. 유럽의 러시아 선교지와 호주에서 부흥을 경험한 적이 있다. 또 자메이카 섬에서도 부흥을 보았다. 그러나 내가 사역하면서 경험한 부흥들은 대부분 부흥사가 일으킨 것이 아니었다. 부흥은 오히려 전도자가 할 일이었다.

나는 미국, 캐나다, 영국 제도, 호주, 뉴질랜드, 남아프리카, 남아메리카, 유럽 각지에서 많은 전도 집회를 열었지만 그 집회가 부흥으로 변한 일은 드물었다. 그 집회들은 단순히 전도하려는 노력이었기 때문에 부흥이라고 부를 수 없다. 영혼이 구원받고, 많은 사람이 주 예수 그리스도께 돌아왔기 때문에 무엇인가 일이 벌어진 것은 사실이지만, 집회가 끝난 후에 보면 그것도 하나의 전도 집회일 뿐이었다고 인정하게 된다.

많은 전도자가 부흥을 한 번도 보지 못하고 있다. 여러 해 동안 전도 집회를 개최하고 많은 사람이 그리스도께 돌아왔지만 진정한 부흥은 목격하지 못한다. 어떤 사람이 평생 전도 집회에 투자했다 해도, 옛날과 같은 진정한 부흥을 한 번도 경험하지 못할 수 있다.

전도 집회를 열면 교회는 영혼을 구하기 위해 많은 노력을 들이고 그 많은 수고의 결과를 하나님께 깊이 감사하지만, 그래도 그 교회가 곧 부흥을 경험한 것은 아니다.

3. 부흥은 하나님의 백성에게서 시작된다

전도 집회가 하나님의 백성에게서 시작된다는 말은 맞지 않다. 집회가 열리는 첫날, 결신 초청을 하면 영혼이 구원받을 수 있다. 전도자는 비그리스도인들이 그리스도께 돌아오도록 온 힘을 다해 말씀을 전파한다. 그렇지만 그것은 부흥의 노력이 아니다. 이미 언급한 대로 부흥은 하나님의 백성에게서 시작된다. 그러나 그것이 참된 부흥이라면, 조만간 하나님의 백성에서 그치지 않고 영혼을 구원하는 역사도 일어날 것이다.

생명이 있어야 부흥이 일어난다. 즉 생명이 없다면 생명이 **다시** 살아나는 부흥은 있을 수 없다. 그렇기 때문에 영혼들을 그리스도께 돌아오도록 전도하고자 할 때에는 부흥에 관하여 말하는 것이 어울리지 않는다.

전도 운동에서 우리가 대하는 사람들은 허물과 죄로 죽어 참 생명이 없는 구원받지 못한 사람, 영적으로 죽은 사람들이다. 그런 사람들은 소생할 수 없다. 죽은 사람은 소생하는 것, 즉 부활과 상관이 없다. 완전히 꺼져버린 불씨에서는 다시 불을 얻을 수 없다. 앞서 말했듯이 불이 완전히 꺼져 불기운이 없다면 있는 힘을 다해 입김을 불고 애써 부채질을 하는 등 갖은 방법을 다 사용해도 불이 피어오르지 않는다.

따라서 죄와 허물로 죽은 영혼들은 절대로 소생할 수 없다. 그렇지만 하나님의 백성은 소생할 수 있다. 생명이 있는 곳에는 언제나 부활의 가능성이 있다. 진정으로 구원받고 참으로 거듭났는데 믿음이 식고 무관심해져서 첫사랑을 잃어버린 사람은 부흥될 수 있다. 진정한 부흥사는 바로 이런 사람을 대상으로 사역하며 그들로 하여금 비그리스도인과 접촉하게 한다. 반면에 전도자는 주로 구원받지 못한 사람을 그리스도께 인도하는 일을 한다.

오늘날 우리 교회에 무엇보다 필요한 것은 전도가 아니라 부흥이다. 즉 찰스 피니가 경험한 것과 같은 부흥이 필요하다. 교회가 한 번 소생되면 영혼들이 구원을 받는다. 그때에는 참으로 죄를 각성하고 진실한 체험을 했을 것이므로, 그 회심은 시련을 견뎌낼 것이다.

앞서 말한 대로 종종 피니는 몇 주 동안 집회를 하면서 비그리스도인들을 구원하는 전도 설교를 하지 않기도 했다. 집회에서 하는 설교는 대부분 비그리스도인들이 아니라, 하나님의 백성을 위한 것이었다.

그러나 결국 하나님의 영이 교회를 부흥시키고 그리스도인 자신에게 불이 붙으면, 하나님이 비그리스도인 사이에 역사하시기 시작하며 그리스도 밖에 있는 죄인들은 구원받기를 갈구하게 된다. 따라서 부흥은 전도를 낳고, 그 결과 많은 결신자가 생기는 것이다.

존 웨슬리, 피니, 무디와 많은 사람이 전도 사역에 크게 쓰임받았을 뿐 아니라 부흥에서 큰일을 했기 때문에 그들은 전도자인 동시에 부흥사라고 알려졌다. 그리고 빌리 선데이, 토레이, 빌리 그레이엄 등 전도자로서 하나님께 크게 쓰임받은 다른 인물도 많다. 이들은 대도시 단위의 전도 집회를 통해 수백, 수천 명이 주 예수 그리스도께 돌아오도록 사역했다.

이제 우리는 “주여, 주의 일을 부흥케 하소서”라는 기도를 쉬지 말자. 우리가 날마다 드려야 할 기도가 바로 이것이다. 하나님의 역사가 아니면 부흥될 수 없다. 부흥이 있기 전에 먼저 그것이 하나님의 일이 되어야 한다. 그렇지만 부흥이 하나님의 일이라면, 하나님은 진정 부흥시키실 것이다.

4. 부흥은 하나님의 능력이 나타나는 것이다

성경에는 종종 “주의 권능이 함께하시더라”라는 말씀이 나온다. 우리도 그렇게 고백할 수 있는가? 우리 집회에 하나님이 임재하시는가? 주님의 능력을 경험한 적이 있는가? 성경에는 “사람들이 다 하나님의 위엄에 놀라니라”(눅 9:43)라는 말도 있다.

오늘날에도 사람들이 놀라워하는가? 그들 가운데 임한 하나님의 위엄에 놀라, 그 자리를 떠나지 못하는가? 그것이 바로 부흥이다. 이것이 지금 내가 언급하는 것, 즉 전능하신 하나님의 현현이다. 다시 말해서 장비나 조직, 개인 전도자, 다른 여러 준비와 상관없이, 하나님이 현장에 임하셔서 역사하시는 것이다. 그렇게 되면 일이 벌어진다.

5. 부흥은 언제나 죄에 대한 깊은 각성을 일으킨다

1859년 아일랜드 대부흥의 경우가 그러했고, 존 웨슬리가 설교한 집회들이 그러했다. 이반 로버츠와 찰스 피니 시절에도 부흥에는 언제나 죄에 대한 깊은 찔림이 나타났다.

전도 집회를 할 때에는 반드시 그렇지는 않다. 전도자는 사람들을 권하여 예수 그리스도를 영접하도록 강단 앞으로 나올 것을 요구한다. 종종 개인 전도자들은 그들을 권고하고 격려하기도 하며, 또는 재촉하여 앞으로 나가게 한다. 예수 그리스도를 믿도록 상당한 권면을 받은 다음에야 손들고 일어서는 경우가 많다.

부흥이 일어날 때에는 그렇게 하지 않는다. 사람들의 마음을 권고하시는 분은 하나님이다. 성령께서 역사하시기 때문에 구도자들이 먼저 무릎을 꿇거나 앞으로 달려 나와 빌립보 감옥의 간수처럼 "선생이여, 내가 어떻게 하여야 구원을 얻겠습니까?" 하고 안타까워한다. 오히려 그들이 우리를 향해 구원받는 도리를 묻는다. 마음 깊이 죄를 깨달았기 때문이다.

전도 집회에서 종종 보는 일이지만, 예수님을 믿겠다고 통로로 걸어 나오는 사람 가운데 싱글벙글 웃는 사람도 있다. 그러나 강력한 부흥이 일어난 곳에서는 그런 얼굴을 보지 못한다. 오히려 앞으로 나와 서 있지도 못할 만큼 통회한다. 죄에 깊이 찔리고 눌려 자신의 비참한 모습을 보기 때문에 고개를 들고 서지도 못한다. 주님의 긍휼을 구하며 구원받기를 간구하는 그들의 눈에서는 뜨거운 회개의 눈물이 흐른다.

1859년에 아일랜드에서 일어난 부흥에서는 사람들이 얼마나 애통하고 약해졌는지, 집에 돌아가기조차 힘들어하는 사람이 많았다. 심지어 길거리에 털썩 주저앉아 여러 시간씩 기도하면서 주님의 구원을 위해 애통해하는 사람도 있었다. 지옥으로 빠져 들어가는 듯한 두려움을 느끼고, 하나님과 올바른 관계를 맺지 않으면 멸망당한다는 생각 때문에 약해지고 처절한 사람이 되는 것이다. 그들에게는 영생의 문제가 가장 시급했다. 그것 말고는 다른 아무것도 기대하지 않았다. 하나님이 긍휼을 베푸셔서 구원하지 않으신다면 곧 영원한 멸망에 빠질 것이라고 생각하게 된 것이다.

6. 부흥은 지도자에게 달려 있지 않다

전도 집회 때는 마지막 설교가 끝나면 전도자도 떠난다. 그러면 무슨 일이 일어나는가? 집회가 끝나면 모든 것이 끝나는 것이다. 집회가 끝나면, 모든 것이 과거가 된다. 그렇지만 부흥이 오면 어떤 일이 생기는지 아는가? 참된 부흥이 일어나면, 전도자가 떠나도 부흥은 계속되며 강력한 역사가 일어난다. 설교자가 와 있어야 할 필요가 없다.

웨일즈의 이반 로버츠가 그 대표적인 실례다. 그는 여러 날 집회에 나왔지만 말을 많이 하지 않았다. 그저 나중에 일어나서 간단한 간증을 하고 떠났다. 그런데도 부흥이 강력하게 계속되었다. 이전보다 더 많은 사람이 구원받았다. 그가 있을 때보다 오히려 떠난 뒤에 더 큰 역사가 벌어졌다. 부흥의 불길이 사방으로 퍼져 나가 결국 교회에 불이 붙었다. 교회마다 사람들로 만원을 이루고, 사람들은 아침 5시에 와서 밤 10시까지 떠나질 않고 하루 종일 울면서 갈보리 십자가로 향했다.

다시 말해서 부흥은 지도자에게 달려 있는 것이 아니다. 이반 로버츠는 멀리 떨어져 있었지만 이와 상관없이 부흥의 역사가 계속된 것처럼 말이다. 그뿐 아니라 부흥은 집회 장소에서 그치지 않고 사방으로 퍼져 나간다. 심지어 이반 로버츠가 한 번도 간 적이 없는, 전혀 모르는 지역까지 그 불길이 퍼져 갔다. 부흥은 결코 지도자에 따라 일어나는 것이 아니다.

7. 부흥은 설교에 달려 있지 않다

앞에서 언급한 대로 이반 로버츠는 설교를 하지 않고 다만 간증을 한 것뿐인데, 하나님이 역사하셨다. 부흥이 오면, 아무도 자기를 자랑하지 않는다. 물론 설교를 하지 않거나 아무 메시지도 전하지 않는다는 뜻은 아니다. 설교를 하지만 부흥은 그 설교와 상관없이 역사하며 하나님을 영화롭게 한다.

오늘날 우리의 기도 제목은 바로 이러한 부흥을 갈구하는 것이 되어야 한다. 대서양에서 태평양을 건너 부흥의 능력이 퍼져 나가서 다시 한 번 교회들이 가득 차고, 하나님의 역사로 구원받지 못하면 사람들이 마음의 평안을 누리지 못하는 일이 일어나도록 기도해야 한다. 부흥이 마치 대평원의 불길처럼 번져서 그 앞에 있는 장애물들을 살라버리며, 지도자가 없어도 하나님이 영광을 받으시도록 구해야 한다. 오늘 우리가 간구해야 할 기도가 바로 이런 것이다. 그런 부흥이 오면 모든 것이 달라질 것이다. 나라 전체가 변혁될 것이다. 전도 집회로는 여러 해 걸려도 완전히 성취할 수 없는 일을, 하나님은 부흥을 통하여 몇 주 만에 이루실 수 있다.

이제 이런 기도의 짐을 함께 나누자. 하나님께 울부짖자. "주님, 제가 죽기 전에 부흥을 보게 해주옵소서!" 한 번이라도 진정한 부흥을 경험한다면 우리의 장래 사역은 완전히 혁신될 것이며, 결코 지금과 같은 사람이 아닌 완전히 새 사람이 될 것이다. 우리가 사는 이 시대에 하나님의 강력한 능력이 또다시 나타나지 않으리라는 근거가 어디 있겠는가!

13장

전도는 죽지 않는다

영광스런 전도의 시대는 영원히 지나가 버렸는가? 웨슬리, 피니, 무디와 같은 인물은 다시 나오지 않을 것인가? 옛날처럼 온 도시가 부흥으로 술렁이는 일은 이제 불가능한가? 참으로 부흥의 시대가 끝나고, 전도는 죽어버린 것일까? 이에 대한 내 대답은 한편으로 "예"이고 다른 한편으로는 "아니오"다.

얼마 전 캐나다의 한 신문에 무디의 사진과 함께 그가 1894년에 메시 홀에서 가진, 대규모 토론토 전도 집회를 다룬 간략한 기사가 실렸다. 거대한 군중과 설교에 관해서뿐만 아니라, 하트 메시에게 메시 홀을 쓰게 한 것을 감사했다. 그러고 나서 무디의 대전도 집회에 대해 이렇게 말했다.

> 무디 이야기는 **영웅적인 전도 시대의 것이며 다시 돌아오지 않을지도 모른다.** 그 시대는 영적인 매력이 있던 시절이었다. 라디오, 전화, 전차

도 없었으며, 무디가 중년 정도로 나이가 들어서야 전깃불이라는 것이 생겼다.

그 신문은 다음 호 기사에서 오타와의 유명한 캐나다인 전도자인 크로슬리Crossley와 헌터Hunter의 유명한 집회를 다루었다. 기사에는 그 집회 때 캐나다의 첫 수상인 존 맥도널드John A. MacDonald 경이 헌터의 감동적인 설교를 들은 후 자리에서 일어나 그리스도에 대한 믿음을 공개적으로 고백했다는 내용이 있었다. 이 일은 내가 태어난 해인 1889년에 일어난 일이다.

세상을 떠나기 얼마 전, 크로슬리 박사는 내 집회에 몇 차례 참석한 적이 있다. 그와 사반세기 동안 함께 전도 사역을 한 헌터도 영면永眠했다. 현세대는 그를 알지 못한다. 현재 기독교 사역에 활동적으로 종사하고 있는 대부분의 사람들은 지난 날의 영광을 이미 망각하였다. 그렇지만 크로슬리 박사와 전도의 불씨로 쓰임받은 백발의 전투사들을 볼 때면, 전도가 절정에 달한, 한 세대 이전의 그 놀라운 광경이 떠오른다. 과연 현세대나 다음 세대에 그런 것들이 또 증거될 수 있을까?

내 서재의 책꽂이에는 낡은 무디의 설교집이 있는데, 그의 설교를 속기速記로 받아 적은 것이다. 이 설교집에는 문법에 맞지 않는 말까지도 그대로 기록되어 있다. 강단에서 외친 교훈, 자기 사진을 팔아 장사하는 행상인들에 대한 경고, 그리고 별로 중요하지 않은 것들까지 현장에 있었던 그대로, 현장에서 두 눈으로 직접 목격한 사람에 의해 모두 기록되어 있다.

내게 그 책은 보물이다. 그 책은 전도의 분위기, 즉 현세대에게는 대부분 낯설게만 느껴지는 분위기로 가득 차 있기 때문이다. 그 책을 읽으면 다시 한 번 운집한 군중을 보는 것 같고, 위대한 전도자의 심장을 치는 설교가 들리는 듯하다. 한 세대 전에는 지상 천국과도 같던 그런 광경을 목격할 수 있었다. 그런데 이런 부흥이 재연될 수 있을까?

전도의 영웅시대는 내가 소년일 때 다 지나간 것 같았다. 사라져가던 마지막 영광을 조금이나마 볼 수 있었던 것은 내 큰 자랑이다. 특히 1906년 토론토의 메시 홀에서 열린 토레이와 알렉산더의 대집회는 아직도 생생하다. 그해에 내가 회심했기 때문이다. 모든 교단의 수많은 교역자가 강단 위에 함께 앉아 있는 모습이 내게 깊은 인상을 주었다.

1–2년 후에 YMCA에서 본 전도 대회 분위기도 생각난다. 1908년, 온타리오의 헌츠빌에서 열린 크로슬리와 헌터의 집회들은 내게 많은 영향을 끼친 만큼 결코 잊을 수 없다. 여러 전도 집회에 참여할 때마다 젊은 내 가슴은 감격에 넘쳤다. 그러나 그때가 마지막이었다. 1920년대 어느 때쯤부터인가 옛날 전도의 영은 사라져버렸다.

전도 센터

전도는 죽지 않았다. 결코 죽지 않았다. 또 죽을 수도 없다. 전도는 하나님이 일을 성취하시는 유일한 방법이기 때문이다. 따라서 하나님은 오늘날에도 특히 전도를 위한 국가적인 운동과 센터를 일으키신다. 이 속에서 전도의 불길은 계속 타오를 것이다.

영혼의 회심, 신자의 교화, 세계 복음화 등을 위해 설립된 이 센터들은 구원, 깊이 있는 생활, 해외 선교, 주님의 재림, 이 네 가지 근본 원

리를 강조하며, 국내외에서 그리스도를 모르는 사람들에게 되도록 최단 기간 내에 최선을 다하여 복음을 전하고자 노력한다.

그 다음에 나오는 것이 사도 바울의 방법이다. 그는 어떤 간략한 캠페인을 벌이거나 전하지 않았지만, 가는 곳마다 실질적인 역사가 이뤄질 때까지 되도록 오래 체류하였다.

큰 도시에는 어디나 그러한 센터가 필요하다. 런던의 스펄전은 10,000석의 서레이 음악당과 20,000석의 크리스털 팰리스에서 모든 인습을 떠나 영국 대도시의 멸망해가는 무리에게 복음을 외쳤으며, 상설 전도 센터가 된 메트로폴리탄 태버너클Metropolitan Tabernacle을 설립했다.

무디와 토레이에게도 동일한 비전이 있었다. 스펄전처럼 그들 역시 중심이 있는 사역을 해야 한다고 믿었다. 그리하여 시카고의 무디 교회, 로스엔젤레스의 오픈도어 교회, 토론토의 피플즈 교회가 상설 전도 센터가 되었다.

이곳저곳을 여행하면서 전도하는 소명을 받은 사람도 있지만, 가장 가치 있는 전도는 하나의 본부가 설립되어 그곳에서 결코 부흥의 불이 꺼지지 않게 하고, 그 중심부에서 시작된 불길이 온 세상에 퍼져 나가게 하는 것이다.

일반적으로 생각하는 교회, 즉 이름 없는 거리에 믿는 사람들이 모여 한 목회자를 지원하느라 애쓰고 수많은 주위 사람이 어떻게 되든 별로 관심도 없는 개념의 교회는 결코 하나님 뜻이 아니다. 우리가 빈번하게 보듯이 몇몇 사람은 영적으로 비만증에 걸린 채 일을 하지 않고 자기만족에 빠져 주위 사람들에게 복음을 전하는 일에 거의 반대하는 태도를 보인다. 그들은 마치 배수구가 없어 물이 그대로 썩고 있는 수영장의 모습과 같다. 교회가 적극적인 전도의 영적 중심부가 될 때, 예수 그리스도께서 지상 명령으로 남기신 비전을 신실하게 이뤄갈 수 있을 것이다.

전도는 문제를 해결한다

전도는 어느 교회든 채운다. 전도로 감리교회가 가득 찼고, 150여 년 동안 세상의 감리교회가 부흥되었다. 감리교는 전도로 탄생되었고, 전도 가운데서 살며 성장했다. 사도 시대 이후로 가장 위대한 복음화 기구가 된 것이다. 많은 사람을 구원했고, 교회를 메웠다.

더욱이 전도는 재정 문제를 해결한다. 성경을 보면 베드로가 잡은 물고기 안에 돈이 들어 있었다. 베드로는 물고기를 잡기만 하면 그만이었다. 항상 그렇다. 비그리스도인을 그리스도께 인도하면, 그들이 복음 사역에 필요한 자금을 공급할 것이다. 오늘날 많은 교회가 문을 닫는 이유는 전도가 죽었기 때문이다.

피플즈 교회도 예외가 아니었다. 우리는 일 년 내내 전도 사역을 진행하고 있으며 아직도 여전하다. 전도를 위한 복음송을 부르고, 영혼을 구하는 설교를 선포한다. 방송도 많이 이용했다. 주일 저녁마다 두 시간 반씩 방송을 했으며, 메시지를 듣는 수천 명이 복음을 받아들였다.

주일 저녁 예배에는 언제나 결신 초청 시간이 있다. 단순히 설교하고 축도하는 것으로 마치지 않는다. 참석한 사람들에게 기회를 주고, 상담실에서 개인 상담을 통해 그리스도를 영접하게 한다. 구원받은 영혼이 없는 주일을 보낸 적은 없었던 것 같다. 우리는 늘 전도한다. 교회는 복음을 전하여 복음화되든지 화석화化石化되든지 둘 중 하나이기 때문이다. 전도하지 않는 교회는 곧 비복음화되어버린다.

우리 교회는 특히 영혼의 회심, 믿는 자의 성결, 세계 복음화를 강조한다. 표면에 나타나는 것 말고는 아무것도 없다. 그것이 전부다. 우리는 구식이다. "영혼의 회심"을 믿기 때문이다. 인간은 구원이 필요하다. 경솔히 다뤄지는 이 진리는 다시 강조되어야 한다. 또한 신자들은 믿음 안에 굳게 서야 한다. 우리가 사는 도시에서만 전도해서는 안 된다. 온 세계가 복음화되어야 한다. 우리는 해외 선교 사역을 믿으며 그것을 중요시한다.

네 가지 기본 요소

이제 네 가지 중요한 요소, 즉 "구원, 깊이 있는 생활, 해외 선교, 주님의 재림"을 보자. 그렇다고 다른 중요한 진리를 무시하는 것은 결코 아니다. 그러나 이 네 가지 근본 요소를 중심으로 성경의 주요 교훈이 연결되어 있다.

우리가 전파하는 깊이 있는 생활이 모든 것을 의미한다. 하나님은 그분의 자녀들이 성령 충만하고 죄를 이기고 승리하며 100퍼센트 그분을 위해 살기 원하신다. 온전히 헌신하고 세상과 세상의 풍속과 구별될 때, 하나님은 우리를 크게 쓰실 수 있다. 우리는 하나님의 은사와 경험, 그분의 나타나심보다 하나님 자신에 더 강조점을 둔다. "예수 안에 모든 것이 있다. 곧 예수가 모든 것이다."

주님의 재림이라는 복된 진리도 결코 소홀히 할 수 없다. 주님의 재림은 교회의 큰 소망이다. 우리 주님은 다시 오신다. 예언에 관하여 구체적이고 개인적인 해석은 강조하지 않는다. 이 점에 있어서 사람들은 언제나 의견이 다르기 때문이다. 의견이 같지 않아도 우리는 그리스도 안에서 한 형제이며, 주님이 보이는 몸으로 다시 오셔서 하나님 나라를 건설하신다는 극히 중요한 진리를 함께 주장한다.

네 가지 가운데 마지막 요소는 "국내외에 그리스도를 모르는 사람들에게 최단 시기에 최선을 다하여 복음을 전하고자 노력하는 것"이다. 이것은 중요한 일이다. 살기 위해서는 주어야 한다. 받기 위해서는 내어주어야 한다. 그리스도께서 오셔서 사시고 죽으시고 성령을 보내신 것도 이를 위해서였다. 이것은 교회의 주요 사명을 의미한다. 이것 때문에 우리가 존재한다. 우리의 최고 업무는 복음을 내어주는 것이요, 모든 수단을 동원하여 복음을 전달하는 것이다.

특히 우리는 그리스도 없이 사는, 엄청나게 많은 사람에게 복음을 전해야 한다. 국내뿐 아니라 해외에도 동일한 관심을 가지고 사심 없이 전해야 한다. "천국 복음이 모든 민족에게 증언되기 위하여 온 세상에 전파"(마 24:14)되어야 하며, 하나님이 "자기 이름을 위할 백성을 취하시려고"(행 15:14) 지금 이방인을 권고하고 계시기 때문에 우리는 복음 전파로 주님의 재림을 재촉할 수 있다.

이 얼마나 놀라운 비전이며 위대한 소명인가! 참으로 고귀한 사역이지 않은가! 이런 계획에 누가 흠을 잡겠는가? 주님을 사랑하고 위대한 믿음의 근본을 위해 살아가는 사람에게 온전히 협력하기를 누가 거부할 수 있을까? 건전하고 명쾌하며 성경적인 전도로 인하여 하나님을 찬양한다. 영혼을 향해 타는 불길, 사랑의 뜻이나 욕정이 아니라 하나님에게서 난 움직임이 아닌가!

이제 전도하자! 그리고 계속하자! 모든 사람이 복음을 듣는 기회를 얻어 구원받을 수 있도록 하자. 교역자들, 진정한 교역자들은 자기의 강단이 전도에 쓰이게 하고, 자기 교회가 전도 센터가 되게 하자. 하나님은 세상 어떤 것보다 전도를 가장 축복하시기 때문이다. 하나님은 영혼의 구원, 타락한 자의 회복, 믿는 자의 성결을 기쁘게 인 치실 것이다. 전도는 오늘날에도 시급한 주의 명령이다.

나가자, 나가서 잃은 자를 찾자.
무슨 대가를 치러도 복음을 전하자.
모든 땅에 이 소식을 전하자.
나가자, 이것이 주의 명령이다.

모든 족속을 복음화하자.
복음은 아무도 거절할 수 없으니
나가서 그의 죽으심을 말하고,
나가서 그의 십자가를 전하자.

나가자, 그의 부활을 말하고
대적을 이기신 그의 승리를 외치자.
다시 오실 주님을 알려주고
능력과 권위의 통치를 전하자.

신부를 데리러 오실 주님,
모든 민족과 언어와 혈통이
주님 다시 이 땅에 오시는 날
그 범한 죄의 심판 받게 되리라.

나가자, 이 메시지를 전하러 가자.
나가자, 주님의 품 안으로 이끌어 들이자.
주께서 부르신다, 일어나 가자.
전도하자! 전도하자!

오스왈드 스미스

14장

이 시대에 필요한 것

묵시가 없으면 백성이 방자히 행하거니와(잠 29:18).

도시 곳곳에서 많은 사람이 향방 없이 몰려다니며 죽어가고 있다. 우리에게 비전이 없기 때문이다. 예수께서 그들을 위해 죽으셨지만 우리에게 비전이 없는 한 그들은 하나님의 구원 메시지를 듣지 못할 것이다. 주님을 따르는 우리에게 비전이 결여된 탓에 우리에게 맡겨진 엄청난 수의 사람들이 하나님의 은혜의 복음을 모르고 있다. 이 문제를 어떻게 할 것인가? 도대체 언제쯤이면 이런 것을 기도 제목으로 삼고 책임 의식을 느끼게 될 것인가? "묵시가 없으면 백성이 방자히 행한다(즉 망한다)"는 말씀은 매우 진실한 말씀이다.

조그만 둥지에 웅크리고 앉아 편안한 환경에서 안락하게 쉬며, 몇몇 동료에 만족한 채 예배드리고 설교하며 주변에 있는 수많은 사람의 멸망에는 아무런 관심도 없는 것 같다. 하나님은 결코 죄인더러 우리에게

오라고 하신 적이 없다. 우리가 그들에게로 가야 한다고 말씀하셨다. 그런데 그들이 우리를 찾아오지 않는다고 책망하고 있다면, 우리는 더 큰 책망을 받아야 한다. "묵시가 없으면 백성이 방자히 행한다."

세상 사람들은 남의 이목을 끌기 위해 넓은 곳으로 나간다. 극장은 가장 좋은 위치에 지어져 밝게 불을 켜놓고 있는데, 교회는 뒷골목 한적한 곳에 조그만 집을 마련하고 희미한 전등불을 켜놓고는 왜 사람들이 오지 않는지 의아해한다. "이 세대의 아들들이 …… 빛의 아들들보다 더 지혜로움이니라"(눅 16:8). 큰 도시마다 조명이 밝고, 교통이 편리하며, 행인들의 관심을 끌 수 있는 커다란 전도 센터가 있어서, 무관심한 사람의 마음을 움직이고 죄인들을 깨우쳐 천국 길을 걷게 할 수 있는 생동적이고도 복음적인 전도 계획이 반드시 필요하다. 이러한 비전이 없다면 백성은 망할 수밖에 없다.

하나님이 주신 이러한 비전을 성취하는 데에는 믿음이 필요하다. 또는 믿음과 수고라고 말할 수도 있다. 믿음과 수고만 있으면 못할 일이 없다. 하나님이 주신 비전, 하나님이 주신 믿음과 수고, 즉 힘들고 희생이 따르는 노력만 있다면 불가능해 보이는 것들도 능히 해낼 수 있다. 윌리엄 캐리의 좌우명은 다음과 같이 간단하게 표현할 수 있다. "하나님께 큰 것을 기대하라. 그리고 하나님을 위해 큰 것을 시도하라." 우리가 하나님을 위해 큰 것을 시도하지 않는 한 하나님에게서 큰 것을 기대할 수 없다. 하나님의 비전을 얻어 그 일을 착수하자. "믿는 자에게 능히 하지 못할 일이 없느니라." "하나님께는 모든 것이 가하니라." "하나님을 믿으라."

우리는 무서운 배교背敎의 시대에 살고 있다. 유럽 여러 나라를 여행하고 캐나다와 미국을 다니면서, 과거에는 없던 종교 상황과 현실을 보고 나는 마음이 무거워졌다. 예언된 대로 이름 있는 교회들마저 신속하게 신앙을 저버리고 있다. 많은 사람이 믿음에서 떠나고 있다. 이제는 온 세상이 하나의 거대한 선교지가 되어가고 있는 것이다. 정기적으로 교회에 다니는 사람들 가운데 전혀 복음을 듣지 못한 사람이 수두룩하다.

오늘날 많은 교회의 강단에서, 심지어 안수 받은 교역자들의 입에서도 이런 말을 듣는다. "저는 더 이상 성경 전체를 받아들인다고 설교할 수 없습니다. 성경에 있는 천국과 지옥도 말하지 않습니다. 이 시대 설교자들에게 그것이 무슨 소용이 있습니까! 제가 연구한 결과, 성경의 기적을 받아들일 수 없게 되었습니다. 더욱이 피를 흘려서 구원을 얻는다는 교리는 믿지 않습니다. 오히려 어떤 사람의 피를 주고 구원받는 것이 아님을 더 다행으로 여깁니다. 피를 흘려 구원받는다는 교리는 정육점의 복음이라고 할 수 있죠." 이런 말을 공공연히 하는 상황을 볼 때, 지금은 진정한 하나님의 종이 이 오래된 책에 있는 강력한 구령의 진리를 다시 한 번 큰소리로 외쳐 선포해야 할 때이지 않을까?

부스Booth 대장은 『암흑의 영국에서』In Darkest England라는 책을 썼다. 하나님은 "보라 어둠이 땅을 덮을 것이며 캄캄함이 만민을 가리려니와"(사 60:2)라는 무서운 말씀으로 내 마음을 감동시키셨다. 이 사실은 해외뿐 아니라 국내에서도 마찬가지다. 세상 구석구석에 있는 사람들이 거의 칠흑 같은 어둠에 거하며 하나님의 구원에서 멀리 떨어져 있다. 복음이 전파되고 중생을 강조하며 구원을 설명하고 결신 초청을 하는 곳이 드문드문 있을 뿐이다. 강단 앞에 나와 무릎을 꿇거나 상담실을 찾는 일은 별로 없다. 설교자들은 교인들이 모두 구원받아 이미 천국을 향해 가고 있는 것처럼 설교하지만, 사실 그 가운데에는 거듭나지 않은 사람들이 대부분이다.

번연, 백스터, 에일린, 에드워즈, 웨슬리, 휘트필드, 피니의 설교는 죄인들이 죄와 죄의식에 눌려 떨면서 울부짖게 만들었다. 주여, 이런 사람들을 또 일으켜 세우사 그들의 소명이 얼마나 심각하며 책임 있는 것인지 알게 하시고, 사소한 일들을 제쳐놓고 이 마지막 때에 분명하고 변치 않는 간증을 전하고 믿음의 근본을 선포할 수 있게 하소서! 시간과 노력을 쏟을 만한 다른 설교, 다른 메시지는 없다.

우리는 종교 논쟁에 지나치게 많은 시간을 쓰고 있다. 왜 우리가 방어적이어야 하는가? 그동안 논쟁은 전혀 유익하지 못했다. 사실 성경의 진리는 옹호하거나 변호할 대상이 아니라 선포해야 하는 것이다. 성경은 결코 자신을 옹호하고 있지 않다. 무수한 비평들이 시들어 사라져버려도 성경은 계속 남아 있을 것이다. 우리에게는 좀 더 적극적인 메시지가 필요하다. 북아프리카에 불이 꺼진 것도 논쟁 때문이다. 방법을 바꾸지 않으면 우리에게도 그런 일이 벌어질 것이다.

이제 이 복음을 국내와 해외에 전파하는 위대한 과업을 꾸준히 이루어가자. 한 성령 안에서 하나 되어 함께 일하자. 다른 분야에서는 일치할 수 없어도 전도하는 일에는 하나가 될 수 있다. 복음은 모든 믿는 자에게 구원을 주시는 하나님의 능력임을 믿지 않는가! 이제 복음을 외치자. 비그리스도인들 가운데 논쟁으로 죄를 깨달은 사람은 아무도 없다.

성경에 따르면 우리는 라오디게아 시대에 살고 있다. 그러므로 교회 자체가 복음화되어야 한다. 세상으로부터 새롭게 분리되어, 다시금 예수 그리스도께 전폭적으로 헌신해야 하는 때다. 거듭난 참된 그리스도인이 어떻게 복음을 전하지 않는 모임에 남아 있을 수 있단 말인가! 하나님 말씀을 보면 타협은 늘 정죄당했다. 어둠을 물리쳐야 한다. 그러지 않고는 이 시대의 두려운 배교를 어떻게 처리할 수 있겠는가!

대적은 우리 위에 있다. 폭풍이 몰아치고 있으며 이제 곧 엄청나게 파괴할 것이다. 이 거센 물결을 잠재우는 길은 성령의 능력으로 복음을 전파하는 것뿐이다. 전도하자. 사람이 있는 곳이라면 어디든 가장 훌륭한 간증과 메시지, 가장 좋은 복음 성가를 가지고 가서 그리스도가 없는 무리들을 이끌자. 생동적인 전도 계획을 세우고 그들을 주님께로 인도하자. 우리가 사는 마을 집집마다 복음 전도지와 책자가 들어가게 하자. 그 일을 쉬지 말고 계속하자.

> 너는 사망으로 끌려가는 자를 건져주며 살육을 당하게 된 자를 구원하지 아니하려고 하지 말라 네가 말하기를 나는 그것을 알지 못하였노라 할지라도 마음을 저울질 하시는 이가 어찌 통찰하지 못하시겠으며 네 영혼을 지키시는 이가 어찌 알지 못하시겠느냐 그가 각 사람의 행위대로 보응하시리라(잠 24:11-12).

얼마나 통렬한 말씀인가! 이런 말씀을 읽고도 아무것도 깨닫지 못하는 사람이 있는가? 누군가가 죽음의 위협을 받고 있는데, 우리가 그 사람을 깨우쳐주지 못한다면 당연히 우리가 책망을 받아야 한다. 그러나 우리는 몰랐다고 핑계할 것이다. 전혀 알지 못했다고 변명을 늘어놓을 수도 있다. 그래도 우리에게 이유가 되지 않을 것이다. 우리는 무엇이 필요한지 알 수 있다. 그런 핑계는 하나님이 받아주지 않으신다. 그들에게 경고의 종을 울려야 한다. 그들이 큰 위험에 처해 있다는 것을 큰소리로 알려주어야 한다.

이 시대에는 바로 이것이 필요하다. 하나님이 우리에게 그 비전을 주시길 기도한다. 그리하여 이 백성이 더 이상 멸망하지 않고, 우리가 그 엄청난 책임을 지지 않게 되기를 바란다.

15장

고통하는 세계를 향한 하나님의 해답

이 시대는 사악한 세력들이 판을 치고 있다. 사방에 거짓 종교가 포진해 있고, 민족주의가 지구를 덮고 있다. 그뿐 아니라 핵무기가 문명을 위협하고 있다.

한 세기 뒤까지 살아서 글을 쓰고 싶지만 그런 일은 있을 수 없다. 그리스도께서 좀 더 지체하신다면 그때까지 수많은 사람이 살겠지만, 나는 그럴 수 없다. 앞으로 50년은 인류 역사상 가장 중요한 시기가 될 것이다. 세상을 뒤흔드는 중요한 사건들이 이미 인류 위에 그림자를 던지고 있다.

이미 대규모 움직임이 시작되었는데, 어떤 것은 유익하지만 어떤 것은 그렇지 못하다. 인류는 파멸을 직면하고 있다. 거대한 심판을 피할 수 없다. 가공할 만한 혁명이 옛날의 얼굴을 다시 들고 있다. 모든 피조물이 고통하고 있다. 새 시대의 출산 고통이 세계 각처에서 느껴진다. 또다시 "뽕나무 꼭대기에서 걸음 걷는 소리가 들리고" "주의 강림이 가까이 왔다."

전도의 중요성

전문적인 전도자는 아니지만 나도 전도 사역을 해왔기 때문에 오늘날 우리의 유일한 소망은 하나님의 능력이 새롭게 나타나는 것임을 안다. 여러 나라를 다니면서 그런 능력이 역사하는 것을 많이 목도하였고, 그곳에서 증거한 것을 오늘 이곳에서도 할 수 있다고 믿게 되었다. **전도는 시대의 명령이며, 이때에 가장 필요한 것이다.** 부흥이 없으면 이미 알고 있는 대로 생명이 멸망한다. 전도하겠는가, 화석이 되겠는가?

저마다 다른 우리를 하나 되게 하는 한 가지가 있다면, 바로 전도다. 다른 일에는 함께할 수 없을지라도 잃어버린 사람들을 주 예수 그리스도께 인도하는 일에는 함께할 수 있다. 전도 사역은 교역자나 평신도를 막론하고 어느 교단에서나 동역할 수 있다.

어떤 교역자들은 스스로 전도 사역을 할 수 있기 때문에 전문적인 전도자가 필요하지 않다고 생각한다. 40년 넘게 사역을 해오면서 다른 목회자들에게 확언할 수 있는 것은 내 사역이 성공할 수 있었던 가장 큰 요인이 전도 사역이라는 것이다. 교회 목회자는 훌륭한 설교자가 되어 교인들에게 많은 사랑을 받을 수 있지만, 얼마 지나면 아무리 훌륭한 음성을 가진 사람이라도 피곤해지게 마련이다. 그때에는 새로운 사람의 음성이 반드시 필요하기 때문에, 나는 내 강단에 기꺼이 다른 강사를 초청한다. 나로서는 결코 도전할 수 없을 것 같던 사람들을 다른 전도자가 구원으로 이끌 수도 있다. 그 다음에 내가 설교하면 내 음성은 새로워지고, 사람들도 전혀 지루해하지 않는다. 내 설교를 충분히 들었다고 느끼면, 곧 다른 강사를 초청하여 교인들에게 새롭고 깊은 인상을 주도록 한다.

토론토에서 열린 첫 집회는 밤이나 토요일에도 쉬지 않고 6개월 동안 계속되었다. 주일에는 평균 두세 차례 예배를 드렸다. 나는 집회를 주관하고 대회장 역할을 맡아, 6개월 동안 12명이 넘는 강사를 초빙하여 번갈아가며 설교하게 했다. 그래서 늘 새로운 광고를 하고, 사람들이 새로운 음성을 기대하도록 했다. 매주 모이는 사람이 늘었고, 더 깊은 관심을 보였다. 집회를 끝내기 전에 이미 수백 명의 영혼이 구원받았으며, 그 결과 전도 사역은 큰 활력을 얻었다. 집회마다 계획보다 재정이 많이 지출되었지만, 언제나 그만 한 고귀한 가치가 있다는 것을 알았다.

그 후로도 나는 1년에 2–3회나 5–6회씩 집회를 열었으며, 그 밖에도 다양한 대회를 상당수 개최했다. 이러한 집회와 대회들로 사람들은 영적 생활에 큰 자극을 받았고, 신앙에 대해 새로운 관심과 열정을 갖게 되었으며, 동시에 사역도 견고해졌다. 집회 기간에도 나는 계속 설교했다. 전도 사역이 더욱 강화되고 사람들이 증가하면서 나는 강단에 더 설 수 있었지만, 나 혼자 감당할 수 있다고는 생각지 않았다. 지금도 전도 집회에는 외부 강사를 초빙하고 있다.

전도의 어려움

그다지 오래전 일은 아니지만, 전도와 부흥 사역을 위해 도시의 모든 교회가 문을 닫고 온 힘을 모아 협동한 적이 있다. 빌리 선데이Billy Sunday

같은 사람이 큰 청중을 모으는 것은 당연했다. 여러 해 동안 빌리 선데이가 집회를 하면, 그 지역의 모든 교회가 문을 닫고 연합으로 전도 대회를 개최했다. 온 교회의 연합 성가대가 웅장하게 자리 잡고 특히 각 교단의 교역자들이 동석했다. 모든 교회가 문을 닫았기 때문에 교인들은 물론 온 마을 사람이 집회 장소인 태버너클 예배당에 모여 초만원을 이루었다. 교인들은 자신의 담임목사가 이웃 교역자들과 함께 착석해 있는 것을 보면서 더욱 협력심을 갖게 되었고, 집회가 성공하도록 힘닿는 대로 헌금하고 기도하며 최선을 다할 수 있었다. 이것은 영혼들을 그리스도께로 인도하는 이상적인 방법이다.

그런데 오늘날에는 한 도시에 있는 모든 교회가 편견 없이 연합하기가 참으로 쉽지 않은 것 같다. 사실 복음적인 교회들만이라도 협력하여 모일 수 있다면, 큰 성과라고 할 수 있다. 이른바 보수주의라는 교단에서도 수많은 분파가 생기고 있기 때문에, 실제로 진정한 협력은 대단히 어려운 형편이다. 그러나 **모든 교회가 영혼을 건지는 일에 총력으로 합심한다면, 온 마을이나 도시가 큰 감동을 받고 강한 부흥이 일어날 수도 있다**는 것은 오늘날에도 마찬가지다. 모든 교단의 교역자가 함께 모여 그리스도를 모르는 곳곳의 사람들을 복음화하는 일에 힘쓴다면 부흥은 가능하다.

종종 우리는 성경을 더 가르치고 사경회를 더 자주 열어 사람들이 하나님 말씀 공부에 더 집중하도록 해야 한다고 말한다. 그러나 언급한 대로 전도는 만들어내거나 가르치는 것이 아니다. 나는 그런 견해에 동의할 수 없다. 부흥과 전도의 역사를 연구하면서 발견한 것은 다른 때보다 부흥이 일어나고 전도가 역사하는 동안에는 성경공부가 많고, 개인 전도가 많아지며, 많은 사람이 말씀 연구에 큰 감동을 받는 현상이 일반적이라는 사실이다.

성령께서 역사하실 때 사람들은 자연스럽게 성경으로 돌아가 말씀을 연구하게 된다. 성경공부반이 조직되고, 개인 전도를 통한 교육이 많아진다. 새로 구원받은 사람들이 회중 앞에서 간증하고 기도하며, 그 결과 다른 어느 때보다 성경을 깊이 알게 된다. **전도 없는 성경 교육은 정체되어버리지만 항상 성경을 연구하게 하는 전도는 큰 감동과 축복을 가져온다.**

한 가지 지적해야 할 것은 양육의 문제다. 양육은 전도자가 행할 수 있는 것이 아니지만 대단히 중요한 문제다. 전도자는 마치 의사와 같아서, 태어나는 아기는 잘 받아내지만 누구도 그가 그 아기를 잘 돌봐주리라고 생각하지 않는다.

생명을 얻어 태어난 아기의 발육과 성장을 돕는 것은 부모가 할 일이다. 아기가 태어나면 의사의 책임은 끝나는 것이다. 건강하고 정상적으로 순산한 아이가 잘 성장하지 못하는 것은 의사의 잘못이 아니다.

마찬가지로 어떤 사람이 전도를 받아 회심하여 빛으로 나온 뒤, 계속 믿음에 거하고 정상적으로 발전하지 못한다고 해서 전도자를 나무랄 수는 없다. 그 일은 다른 사람들, 즉 목회자, 교회학교 교사, 청년 전도 지도자, 초신자를 책임지고 있는 사람들이 맡아야 한다. 초신자 성경공부반을 조직할 수 있다면, 그들은 그곳에서 신앙에 관한 근본적인 교리를 배워 마침내 굳건하고 견고하게 설 수 있다. 또한 더 나아가 주 예수 그리스도를 위한 열정적인 일꾼이 되는 것이다.

오늘날에는 목회자를 경솔히 여기는 전도가 많다. 섭섭하지만 사실이다. **우리에게 필요한 전도는 목회자의 손을 들어주어 되도록 최선의 방법으로 그를 지원하고 격려하는 것이다.** 전도자가 회중 앞에서 목회자를 비난하거나 결점을 찾아내어 비난하는 것은 안타깝고도 잘못된 일이다. 목회자는 눈앞에 닥친 일과 씨름하는 것으로도 충분하다. 목회자에게는 늘 격려가 필요하며, 전도자는 최선을 다하여 그를 편안하게 해주어야 한다. 목회자는 교인들 앞에서 존경받아야 한다. 그렇기 때문에 모든 전도자는 목회자를 이해하고 그를 도울 수 있는 길을 알 수 있도록 몇 년 동안 목회자가 되어보는 것도 좋을 것이다. 목회자는 온전한 사람이 아니다. 그것은 전도자도 마찬가지다. 두려운 사실은 많은 교회가 전도에 등을 돌리고 있다는 것이다. 이는 전도자들이 목회자에게 용기를 주며 도움을 줄 수 있을 때에도 목회자에게 전혀 관심을 갖지 않기 때문이다.

목회자와 전도자의 일을 모두 해본 나로서는 목회자의 일이 대단히 어렵다는 것과, 전도자는 비교적 용이하다는 것을 잘 알고 있다. 전도자는 어느 지역에 가서 어떤 문제에 부딪히더라도 한 주일 또는 2–3주일이 지나면 그곳을 떠날 수 있다. 내가 전도 집회를 갖는 이유도 목회자로서 맞닥뜨린 힘든 문제들을 잠시나마 잊고자 하는 의도에서다. 전도자들은 그들이 동역하는 목회자에 대하여 쉽게 새로운 태도를 보일 수 있다.

우리는 전도에 빚을 지고 있다

세계적인 전도자들이 이제는 다 이 세상에 없다는 사실을 아는가? 빌리 그레이엄 박사 말고는 살아 있는 사람이 없다. 무디도 이 땅을 떠났고, 토레이 박사도 이제 없다. 윌버 채프만J. Wilbur Chapman도 이미 이 세상 사람이 아니며, 빌리 선데이 또한 자기 일을 마쳤고, 사랑하고 아끼던 내 친구인 세계적인 집시 스미스Gypsy Smith도 벌써 떠난 지 오래되었다. 이 세상에는 그들의 이름을 이어갈 만한 사람들이 거의 없다. 그 이유는 신학교와 성경 학교에서 올바른 전도자를 길러내고 있지 않기 때문이다. 목사를 교육하고 선교사를 훈련시켜도 전도자는 양성하지 않는다. 전도와 부흥의 역사를 깊이 연구하는 사람이 얼마나 되는가? 위대한 전도자와 부흥사의 지난 삶과 방법을 연구하는 사람이 얼마나 있는가? 전도 집회를 개최하는 효율적인 방법을 가르치는 사람이 얼마나 되는가?

캐나다의 한 주요 교단에서는 전도자를 청빙하는 날이 있었다. 지금도 기억나는 것은 거의 25년 동안 함께 사역한 크로슬리와 헌터가 캐나다 감리교회의 공식 전도자들로서 전국을 다녔다는 사실이다. 그 당시 집회에도 참석했기 때문에 잘 기억할 수 있다.

오늘날에는 그런 사람들이 모두 이 땅을 떠났고, 내가 기억하는 한 주요 교단들도 이제는 따로 전도자를 청빙하는 일이 거의 없기 때문에 전도로 설립되는 교회가 없다. 오늘날 무엇보다 절실히 필요한 사람은 교회에서 교회로, 도시에서 도시로 전국을 누비며 순수한 복음으로 사람들을 감동시켜 하나님께 돌아오게 하는 훌륭한 전도자와 부흥사다.

요즘도 종종 열리고 있는 순수한 의미의 전도 집회로 인해 하나님께 감사드린다. 특히 상업적인 분위기가 전혀 없는 집회가 있음을 감사드린다. 사실 집회를 개최할 때, 특히 헌금과 관련된 재정을 강조하기 때문에 생기는 피해를 잘 알고 있다. 되도록이면 전도자들도 목회자처럼 사례금 수령을 비밀로 하지 말고, 무익한 비난과 종교적 난도질을 당하지 않는 것이 훨씬 좋다. 교단마다 정직하고 순수한 복음 전도자들이 일할 자리가 있어야 한다. 본부에서 고정된 사례금을 받고, 집회에서 나오는 헌금이나 비용은 모두 본부 당국으로 돌아갈 수 있게 하는 것이 바람직하다. 이것이 오늘날 전도 집회가 안고 있는 문제를 해결하는 유일한 방법인지도 모르겠다.

우리는 전도에 많은 빚을 지고 있다. 회심한 사람 대부분이 전도 집회나 부흥회에서 회심했다. 내가 볼 때 특별 집회를 통해 그리스도를 믿게 된 사람은 적어도 62퍼센트 정도다. 여러 차례 반복하여 더 많은 회심자를 요구하지만 늘 마찬가지였다. 오늘날 그리스도인들이 그리스도께로 영혼을 인도하는 집회를 하지 않았다면, 죽을 때 어떤 일이 일어날지 의아스럽다. 많은 젊은이가 지금도 죽어가고 있고 교회에 대해 영원히 잃어버린 사람들이 되었다. 이제 연로한 그리스도인들은 "우리가 가면 누가 이 자리를 맡을 것인가?" 하고 외치고 있다. 전도만이 해결책이다. 부흥은 반드시 와야 한다.

전도의 열매

앞서 말한 대로 나는 여러 해 동안 선교와 전도에 전념했다. 초창기에는 해마다 평균 500여 명의 결신자가 나왔다. 이 새신자들이 교회를 메우기 때문에, 기존 교인들은 일찍 나오지 않으면 좌석을 차지하지 못할 정도였다. 여러 해 동안 전혀 신문 광고를 내지 않았는데도 회중이 엄청났다. 소방서에서는 화재 위험이 있다면서 사람들을 더 이상 못 오게 하라는 권고장까지 보내왔다. 어느 날 아침, 그 편지를 회중 앞에서 읽어주었는데 그날도 2,000명 넘게 모여 본당이 가득 차고, 벽 쪽에 선 사람도 많았다. 여러 사람이 그냥 돌아갔는데도 많은 사람이 계단과 통로에 앉아 있었다. 다음 주일 저녁에는 더 많은 사람이 들어오려고 했다.

한번은 주일마다 예수님을 모르는 많은 사람이 자리가 없어 그대로 돌아간다는 것을 알았다. 그래서 우리는 누군가가 강단 옆쪽에 있는 대형 파이프 오르간을 사 간다면 그곳을 발코니처럼 개조하기로 했다. 그러면 더 많은 사람을 수용할 수 있으리라 여긴 것이다. 우리는 기도하며 하나님께 간구했다. 몇 달이 지나자 하나님이 기도에 응답하셔서 그 오르간을 토론토의 어느 대형 교회로 옮길 수 있었다. 계획대로 우리는 오르간이 있던 자리에 발코니를 만들고 본당과 위쪽과 뒤쪽을 연결했다. 개조한 첫날, 이미 초만원을 이루어 여러 사람이 통로 쪽 계단을 메웠다. 뜨거운 삼복더위 때 말고는 그날부터 교회는 늘 만원이었으며, 구원받고자 하는 사람들을 초청하면 여기저기에서 수십 명씩 무리지어 강단 앞으로 나왔다.

나는 예배 시작 직전에 경찰관에게 질서를 정리하게 하여 지나치게 많이 모이지 않도록 부탁하고, 너무 많은 사람이 계단에 서거나 통로에 앉지 않게 했다. 그래도 통제가 어려워서 여러 해 동안은 아주 특별한 경우가 아니면 어느 신문에든 전혀 광고를 내지 않았다. 그런데도 주일 저녁마다 2,000명이 넘는 사람에게 설교했다.

전도가 교회를 채운다. 그 사실은 거듭 증명되었으며 앞으로도 매주, 매년 전도가 교회를 채울 것이다. 보스턴에 있는 유명한 파크 스트리트 교회의 전도 집회는 지금도 잊을 수가 없다. 집회장이 만원을 이뤘을 뿐 아니라 서 있는 사람도 많았고, 그 주 집회 마지막에 새롭게 결신한 사람은 200명이 넘었다. 교회에 혁신이 일어난 것이다. 그 후로 교회는 예전과 달라졌다. 하나님이 놀랍게 역사하셨고, 이 교회에서 나타난 전도의 위력은 오늘날 다른 어느 교회에서나 다시 나타날 수 있다.

1938년까지 내 생애에 가장 위대한 집회를 꼽으라면 호주와 뉴질랜드에서 열린 집회들을 들 것이다. 굉장히 많은 사람이 몰려들어서 넓은 장소를 찾기가 늘 어려웠다. 모두 나 혼자서 사역했지만 처음부터 하나님이 역사하셨다. 그 기록은 여러 차례 반복하여 발간되었으며, 『내 삶의 이야기』The Story of My Life라는 저서에도 일부 언급되어 있다.

호주와 뉴질랜드는 1938년의 집회를 잊지 않을 것이다. 그때 나는 말라리아 열병에 걸려 몸이 대단히 약했지만, 하나님이 직접 역사하셨다. 처음부터 끝까지 모두가 기적이었다. 최소한 1,000여 명이 그리스도를 발견했고, 집회가 끝나기 얼마 전에는 새 결신자들이 집회의 개인 상담자 역할을 감당했다. 결코 잊을 수 없는 귀한 경험이었다.

교단을 초월하는 전도의 기쁨

호주 시드니에서 교역자들에게 전도를 주제로 강연한 적이 있는데, 집회 후에 한 사람이 상당히 울적한 얼굴로 나를 찾아왔다. 나는 무슨 일인지 궁금해하며 그가 입을 열길 기다렸다. 잠시 머뭇거리더니 그 사람이 이런 말을 했다.

"스미스 박사님, 정말 말씀하신 그대로 믿으세요?"

"무슨 말씀이세요?"

무엇을 질문하는지 몰라 반문할 수밖에 없었다. 그는 다시 물었다.

"방금 전에 말씀하신 대로 하는 것이 정말 가능하다고 믿으시는 건가요?"

"도대체 무슨 말씀을 하시는지 잘 이해가 안 됩니다."

그는 그제야 질문의 요지를 말했다. "장로교 목회자가 공중 앞에서 이른바 초청이라는 결신 시간을 주는 것이 가능하다고 생각하시나요?" 그러면서 그는 "장로교"라는 단어를 특히 강조했다.

"저도 장로교 목사인데 저는 전도 사역을 할 때면 언제나 초청 시간을 가졌고, 많은 사람이 예수 그리스도를 구주로 영접하기 위해 강단 앞으로 나오는 것을 보고 있습니다."

내 대답에 그 목회자는 조금 난처한 표정을 보였다.

"그렇지만 그렇게 잘 되지 않습니다. 결신 초청은 장로교에서 하지 않는 방법이거든요."

"네, 저도 잘 압니다. 그러나 장로교 목사라고 해서 결신 초청을 하지 말아야 할 이유는 전혀 없다고 생각합니다."

그는 수심에 찬 얼굴을 한 채 돌아갔고, 얼마 지나지 않아 나는 다 잊어버렸다.

그 다음 월요일 밤에도 나는 장로교회의 총회 건물에서 집회를 인도했다. 설교하기 위해 강단에 올라가려는 순간 문 쪽에서 인기척이 났다. 무슨 일인지 싶어 잠깐 문 쪽을 돌아다 보았다. 그런데 놀랍게도 지난번 토요일에 만난 그 장로교 목사가 몇몇 사람과 함께 들어오려고 하는 것이 아닌가! 많은 사람들 틈바구니를 헤치며 들어오고 있는 낯익은 얼굴을 보면서 나는 그 자리에 서서 기다렸다. 결국 사람들을 헤치고 들어선 그는 곧장 통로로 들어와 내가 서 있는 곳으로 부리나케 걸어왔다. 그런데 혼자가 아니었다. 두 여자가 함께 걸어오고 있었는데, 그가 그들에게 자기를 따라오라고 독촉하는 모습이 보였다.

내가 있는 곳까지 가까이 왔을 때, 그 얼굴을 보니 환하게 빛나고 있었다.

"됩니다. 돼요!"

무슨 말을 하는지 얼른 그 뜻을 알아차리지 못하고 나는 옆에 서 있는 그에게 물었다.

"뭐가 된다고요?"

"지난 토요일에 말씀하신 대로 지난 주일에 생전 처음 초청 시간을 가졌는데, 하나님이 역사하셨습니다. 여기 보세요."

그는 옆에 있는 두 여자를 내 앞으로 밀어 세웠다. 그 두 사람이 바로 지난 주일 설교 후 구원받은 사람들이었다. 나는 토요일의 대화가 기억나면서 무언가 놀라운 일이 벌어졌다는 것을 알 수 있었다.

그 장로교 목사는 주일 설교 후 결신 초청을 했다. 두렵고 떨렸다. 그런데 두 손이 올라갔다. 도대체 어떻게 해야 할지 잘 몰랐지만, 일단 손 든 사람에게 그 자리에서 일어나라고 말했다. 두 사람은 설교자의 말대로 자리에서 일어섰다. 그러고 나서 또 어떻게 해야 할지 확신이 없었지만 구원받기 원하는 사람을 상담실로 안내했다는 내 경험을 기억하고 그도 그렇게 했다는 것이다. 이 두 사람은 주저하지 않고 앞으로 나왔지만 개인 전도자라고는 한 명도 없었기 때문에 목사가 당회실로 안내하여 직접 전도하였고, 결국 두 사람 모두 예수 그리스도를 영접하고 구원받은 것이다.

놀라운 변화다! 그 장로교 목사는 오랫동안 무시해 온 그 중요한 일을 시작하게 된 것이다. 그 후로는 설교하고 축도한 뒤 그대로 집에 돌려보내지 않고, 그들에게 늘 예수 그리스도를 영접할 수 있는 기회를 주었다. 그의 목회에 혁명이 일어났다. 전도의 기쁨을 경험하기 시작했고, 그 경험을 통해 장로교 목사도 결신 초청을 할 수 있음을 배웠다.

이제 당신에게도 제안하고 싶다. "가서 너희도 이와 같이 하라!"

16장

역사하는 전도

찰스 피니는 영국과 미국에서 가장 위대한 부흥사로 존경받고 있다. 그렇게 단기간에 그 큰일을 이룬 사람은 일찍이 아무도 없었기 때문이다. 사도 바울 이후, 그렇게 엄청난 성과를 얻은 사람은 그가 처음이었다. 그의 명성의 가치를 아는 사람이라면, 피니의 사역에 조금도 회의를 던지지 않을 것이다. 따라서 전도의 실천 문제를 다루려면, 먼저 이 위대한 부흥사들의 기적적인 사역을 보아야 한다.

부흥이 올 때까지 끝나지 않는 집회

피니는 단기 집회를 신뢰하지 않았다. 오늘날 우리가 반드시 얻어야 할 결과를 보지 못하는 이유가 어쩌면 집회 기간이 짧아서일지도 모른다. 우리는 하나님께 기회를 드리지 않는다. 피니는 어디를 가든 어떤 일이 벌어지기까지 그곳에 머물렀다. 부흥이 올 때까지는 떠나지 않은 것이다. 그렇기 때문에 피니의 부흥 집회는 상당히 장기간이었다. 예를 들어 피니는 필라델피아에서 1년 반 동안 집회를 열고 밤마다 예수 그리스도의 복음을 전했다. 결국 그곳에 부흥이 일어났고 온 도시가 하나님에 의해 뒤집히게 되었다.

우리가 알고 있듯이 바울도 같은 방법을 썼다. 고린도에 갔을 때 그는 1년 반 동안 그곳에 머물렀고, 에베소에는 만 3년을 머물면서 복음을 전했다. 결국 온 지방이 복음화되었고, 하나님이 강하게 역사하셨으며, 강력한 부흥이 소아시아 지역을 휩쓸었다.

토론토에서 사역을 시작할 때, 앞서 이야기했듯이 나는 첫 집회를 6개월간 지속하였다. 그것이 사역을 세울 수 있는 기초가 되었다. 그 기간 동안 하나님이 강력하게 역사하셨고, 그 결과는 그 후로도 지속되었다. 매일 밤 성가대가 필요했지만 전혀 어려움이 없었다. 안내자와 상담자들도 자기 역할을 잘 감당했다. 기도의 용사들도 잘 도왔다. 사람들마다 관심을 갖고 사역에 참여했다.

오늘날 부흥이 잘 되지 않는 한 가지 이유는 집회 기간이 매우 짧기 때문이다. 하나님의 영께서 역사하실 시간을 드리지 않는다. 씨를 뿌리는 시간뿐 아니라 수확할 시간도 필요하다. 죄를 각성하는 것은 쉽게 일어나는 일이 아닌데 우리는 종종 몹시 서둔다. 씨가 땅에 깊이 박히기도 전에 거두려고 조바심하는 경우가 많은데, 사실상 그럴 수는 없는 일이다.

감옥은 비고 교회는 차고

피니가 로체스터에 상당 기간 머무르고 있을 때, 결국 부흥이 왔고 변화가 일어났다.

그 도시에 있던 유일한 극장이 부흥의 결과로 영원히 문을 닫아버리고 말았다. 부흥이 얼마나 강했던지 살롱가는 한산해졌다. 범죄가 현저히 줄어 재판할 일이 거의 없었다. 감옥은 텅텅 비었다. 자리가 부족할 만큼 많은 죄수를 수용하고 있는 오늘날의 형무소 상황을 생각해 보라.

반면 교회는 초만원을 이루었다. 예배를 알리는 광고에 돈을 들일 필요가 없었다. 교회는 자동적으로 가득 찼고, 수용할 공간이 있는 한 끝없이 모여들었다. 그런 상황이 여러 달 계속되었다. 사람들은 앉을 자리가 없었다. 사람들의 관심사가 모두 부흥으로 쏠렸다. 사람들의 대화 주제는 정치에서 종교 문제로 바뀌었다. 기후 문제나 국제 상황이 아니라 부흥이 대화의 초점이 되었다. 즉 대화에 한 가지 주제밖에 없었던 것이다. 오늘날도 이렇게 되어야 한다. 부흥의 능력이 몹시 커서 사람들마다 그것을 말하게 되어야 한다.

더욱이 모든 계층의 사람이 전부 포용되었다. 노동자층뿐 아니라 상류층도 많고, 빈부와 노소를 막론하고 술꾼과 지성인, 학자, 사회 지도자층인 법률가와 판사, 은행원과 의사, 심지어는 회의론자와 기독교를 조롱하던 사람들에게도 복음이 전해졌다. 부흥의 영향을 받지 않은 계층이 하나도 없었다.

사회 지도자 대부분이 영향을 받았고, 고등교육을 받은 사람들 가운데 주 예수 그리스도께로 나아온 사람이 상당히 많았다. 기독교를 비난하던 사람들까지 구원을 받았다. 하나님은 매우 경이로운 방법으로 역사하셨기 때문에, 사회 각층의 모든 사람이 복음을 접하게 된 것이다.

보상이 이루어졌다. 사람들은 빚을 갚고 책임을 완수하였다. 진정한 부흥이 오면 이런 일이 일어나게 된다. 나는 그런 경우를 여러 번 경험했다. 동료들과 관계가 좋지 않던 사람들도 관계를 아름답게 회복하고, 서로 질시하던 사람들이 화해했다. 어떤 경우의 부흥에서나 이런 보상 운동이 일어나야 하며 또 늘 그러할 것이다. 만일 그렇지 않다면 진정한 부흥이 아닐 것이다.

어느 지역이든 하나님의 영께서 역사하시면 그 자연스런 결과로 서로 갚아야 할 것을 갚는 보상 운동이 나타난다. 어떤 사람은 피니로 인한 부흥의 직접적인 결과로, 3만 달러를 갚기도 했다. 요즘 환율로 계산하면, 적어도 15만 달러가 넘는데, 그것도 단 6주 안에 갚은 것이다. 부흥은 죄 용서와 화해를 가져온다.

또 다른 놀라운 결과는 사람들이 전도 사역에 동참하고 선교지에 나아간다는 것이다. 젊은이들에게 하나님께 생애를 드리도록 간청하거나 해외 선교에 나가도록 호소할 필요조차 없다. 피니에 의한 강력한 부흥의 각성 결과, 사방의 많은 사람이 전도에 투신했고, 비었던 강단들이 메워졌을 뿐 아니라 어둠과 밤의 미로에 빠진 사람들에게 하나님의 구원 소식을 전하기 위해 선교사를 지망하는 사람이 많아졌다. 전도할 사람을 구하기 어렵고 선교지에 나갈 그리스도인이 없는 것은 곧 부흥이 오지 않았다는 것이다. 하나님의 영이 역사하는 곳에는 언제나 자원하는 사람들이 나온다.

회심의 역사

진정한 부흥이 오면 회심자가 많이 생기는데, 이것은 언제나 일어나는 사실이다. 피니가 필라델피아에서 대집회를 열고 있을 때, 나무꾼들이 도시에 많이 모여든 적이 있다. 이 나무꾼들은 놀랍고도 영광스럽게 구원을 받았다. 그들이 다시 산으로 들어가 그곳에서 간증한 결과, 거의 5,000명의 나무꾼이 주 예수 그리스도께 돌아오는 역사가 일어났다.

피니가 인도하던 어떤 집회에서는 2,000여 명이 믿음을 갖게 되었다. 이런 일을 들어본 적이 있는가? 얼마나 기적적인 은혜의 역사인가! 한 번 깊이 생각해 보자. 한 집회에서 2,000명이 회심했다! 오늘날 어디에서 그런 일이 일어나는가?

오순절에 베드로의 설교를 듣고 3,000명이 회개하여 교회로 들어왔다. 후에 그 수는 5,000명이 되었다. 피니는 2,000명의 회심을 목도했다. 그야말로 또 하나의 오순절이지 않은가? 여기서 말하는 2,000명은 집회에서 믿기로 작정하고 손들고 나아와 결신 카드에 이름을 적는 것으로 끝난 것이 아니라, 확실하게 구원을 경험한 사람들이다. 단 한 번의 집회에서 2,000명이 거듭났다.

피니가 한 영국 국교회에서 설교한 적이 있는데, 어느 교구장의 간증에 따르면 집회 한 번으로 확실히 회심한 사람이 1,500명이나 되었다. 단 한 번의 집회를 통해, 사망에서 생명으로 옮겨간 사람이 1,500명이나 되었다는 것을 상상해 보라.

어느 날은 미국의 한 목화 공장에서 설교했는데, 그 결과 공장에 있는 거의 대부분의 사람들이 주 예수 그리스도께 돌아오기도 했다.

피니가 대서양을 건너 영국에 갔을 때도 결과는 마찬가지였다. 그가 가는 곳마다 군중이 몰려왔고 사방에서 부흥이 터졌는데, 미국의 경우와 같았다. 그 한 예를 소개한다.

피니가 런던에 있을 때 일이다. 그는 휘트필드 태버너클에서 말씀을 전했다. 여러 주 동안 그리스도인들을 대상으로 메시지를 전했으며, 구원받지 못한 사람들에게는 한 번도 설교하지 않았다. 결신 초청을 한 번도 하지 않은 것이다.

몇 주일이 지났다. 밤마다 그는 이미 믿음을 고백한 사람들에게 설교했다. 그리고 마지막에는 목회자에게 상담실을 마련해 달라고 부탁했다. 개인 전도자들이 상담할 수 있는 방을 요구한 것이다.

그 목회자는 약 40명이 들어갈 수 있는 방을 보여주었다. 피니는 놀라서 그를 쳐다보았다. "몇 백 명 정도가 들어가는 큰 방이면 좋겠습니다." 이번에는 목회자가 놀란 눈으로 피니를 쳐다봤다. 무슨 영문인지 몰랐고 믿어지지 않았지만, 피니를 골탕 먹이려는 의도에서 교회와 조금 떨어진 곳에 큰 홀을 마련해 주었다. 1,500명이 앉을 만큼 큰 그곳에서 도대체 무슨 일이 벌어질지 알 수가 없었다. 피니는 그곳을 사용하기로 했다.

그날 밤, 피니는 집회 중에 처음으로 초청 시간을 가졌다. 영혼의 구원을 갈망하는 사람들에게 기회를 주고, 그런 마음이 아닌 사람들은 함께 나오지 않도록 부탁했다. 설교 후, 그는 상담실로 사용하기로 한 강당으로 갔다. 도착해 보니, 그 큰 강당에 사람들이 초만원을 이루고도 전혀 빈 자리가 없었으며 이곳저곳에 서 있는 사람도 많았다. 그날 밤 사망에서 생명으로 옮겨가 영광스럽게 거듭난 사람이 수백 명에 달했다. 그날부터 사람들은 영국에 있는 모든 섬이 한꺼번에 그리스도께로 돌아왔다고 생각했다. 부흥이 사방에서 터졌기 때문이다.

한 주 동안 5만 명이나 되는 사람이 찰스 피니의 부흥 기간에 예수 그리스도를 구주로 영접했다는 사실을 알고 있는가? 단 7일 사이에 5만 명이 회심했다고 생각해 보라. 바로 강력한 하나님의 영이 역사하신 것이다. 그 후로는 그런 일이 반복되지 않았다.

그렇다면 우리는 언제 또 그런 역사를 보게 될 것인가? 오늘날 그런 놀라운 결과를 볼 수 있을까? 미국에서 피니의 사역이 한창이던 10년 동안 사망에서 생명으로 옮겨진 사람이 20만 명이라고 한다. 얼마나 굉장한 일인가!

오늘날 우리에게 강력한 부흥, 하나님의 영이 새롭게 나타나시는 것 말고 다른 무엇이 필요하겠는가?

필요를 가장 적게 느끼는 사람이 사실은 가장 많이 필요한 사람이다. 부흥이 없어도 잘 지낼 수 있다고 느끼는 교회, 대학, 성경 학교, 신학교야말로 어느 곳보다 부흥이 필요하다. 앞서 언급한 것과 같은 위대한 결과는 부흥이 아니고는 결단코 얻을 수 없다.

회심에서 교회 등록으로

여러 사람이 회심했을 뿐 아니라 교회에도 등록했다. 이것이 안 되면 전도는 그 표적을 빗나가게 된다. 예수 그리스도께 나아온 사람들이 어느 곳에서든 헌신하게 해주어야 한다. 주님을 위해 분명한 무언가를 해야 한다.

이미 진술한 웨일즈와 미국의 부흥 결과를 보라. 웨일즈의 경우, 5주 동안 교회에 참여한 사람이 2만 명이었다는 것을 기억하는가? 얼마나 기적적인 결과인가? 만일 미국에서 5주 동안 2만 명이 새로 교회에 등록한다면, 무슨 일이 벌어질지 한번 상상해 보라.

찰스 피니가 미국에서 전도 사역을 시작할 당시에는 전국에 걸쳐 교인이 20만 명 정도였는데, 수년 후에 사역을 마칠 때에는 전국 각지의 여러 교회에 등록된 교인 수가 300만 명이나 되었다.

세계 역사상 그런 결과가 나온 적은 없다. 하나님은 피니를 사용하셔서 그 기간 동안 미국의 모든 목사가 총동원되어 한 일보다 더 많은 일을 하게 하신 것이다. 우리는 피니에게 얼마나 많은 사랑의 빚을 지고 있는지 잘 모르고 있다.

이것이 바로 역사하는 전도, 곧 전도의 실천이다. 우리가 기도하고 바라는 그런 전도인 것이다. 기자들이 내게 와서 "오늘날 가장 필요한 것이 무엇이라고 생각하는가?"라고 질문하면 나는 언제나 조금도 주저하지 않고 "하나님의 능력이 강력하게 나타나는 것"이라고 대답한다.

헨리 비처Henry Ward Beecher 박사는 피니의 부흥 역사를 이렇게 평했다. "그것은 위대한 하나님의 역사였으며, 세계 역사 가운데 단기간에 일어난 가장 위대한 신앙 부흥이다." 이것은 대단히 중요한 말이다. 하나님이 허락하시면 우리도 다시 한 번 그 부흥을 볼 수 있다. 주여, 우리에게 또 다른 피니를 보내주소서.

직접 부흥을 보다

부흥을 본 적이 있는가? 나는 유럽의 러시아 선교지에서 부흥을 보았다. 여기에 폴란드, 라트비아, 호주, 자메이카에서 경험한 몇 가지 일을 나누고자 한다. 그 결과, 내 사역은 혁명을 가져왔다. 그 내용을 일기장에서 발췌하여 소개한다.

폴란드

스프링도 달지 않아 딱딱한 폴란드 짐차를 타고 나는 숲 속 깊은 곳까지 여행했다. 겨우 도착한 목적지에서 회심한 사람들이 우리 주위에 둘러섰을 때, 우리는 눈물을 펑펑 쏟지 않을 수 없었다.

경찰관 두 명이 검 달린 총을 메고 집회 때마다 참석하여 주의 깊게 설교를 들었다. 옥외에 마련된 기다란 탁자에 앉아 검은 빵과 날생선인 청어, 삶은 계란과 꿀을 대접받았다. 사방에서 파리 떼가 새까맣게 모여들었다. 그날 밤, 여자들은 헛간에서 잠을 잤고, 거의 100명에 달하는 남자들은 다락방에서 쪼그리고 새우잠을 잤다.

주일 밤에는 강력한 부흥의 물결이 회중을 휩쓸고 지나가 수백 명이 주님 앞에서 얼굴을 파묻고 통곡했다. 건장한 장정들도 큰소리로 흐느껴 울면서 하나님을 향해 죄를 용서하시고 받아달라고 애통했다.

또 다른 지역에서는 교회에 사람이 어찌나 많이 모였는지 강대상 쪽으로 가는 것조차 힘들었다. 설교가 끝나자 사방에서 훌쩍이는 소리가 들렸고, 많은 사람이 눈물을 뿌리며 십자가의 길을 올라갔다. 후에 그 사람들은 마음에서 기쁨이 솟아났다며 환한 얼굴로 간증했다. 어떤 사람은 집회에 참석하려고 거의 320킬로미터를 마차로 달려왔다. 지난 5년 사이에 적어도 5,000명의 영혼이 구원받았다고 한다.

빈틈없이 들어찬 사람들을 팔꿈치로 헤치며 간신히 앞으로 나갔다. 마룻바닥에 꽉 들어찬 사람들과 2층까지 만원을 이룬 얼굴들! 복도에

선 사람도 많았는데 최소한 3시간 동안 그대로 서 있어야 했다. 바깥에는 비가 억수같이 퍼붓고 있었다.

그 찬송을 어떻게 표현해야 할까! 다 함께 아름다운 부흥 성가를 부를 때에는 마치 천국이 허리를 굽히고 그 노래에 귀 기울이는 것 같았다. 천군 천사들까지 기쁘게 찬양하며 주님을 높이는 것으로 느껴질 정도였다.

설교 후에 기도해야겠다고 느껴서 기도했는데, 마치 축복의 조수가 사람들에게 밀려드는 것 같았다. 한 사람이 훌쩍거리며 울기 시작하더니 또 한 사람이 울고 또 다른 사람이 울음을 터뜨려, 결국 그곳에 모인 모든 사람이 통회의 눈물을 흘렸다. 눈을 뜨고 사람들을 둘러보니, 두 뺨에 눈물을 철철 흘리는 사람이 많았다. 그들은 하나님의 영에 의해 마음이 부서지고 녹아 있었다.

권고나 설득은 필요 없었다. 결신 초청의 시간을 주기만 하면, 수십 명씩 응했다. 강단까지 빈틈없이, 혹 빈틈이 조금 있다고 해도 사람들이 촘촘히 끼어 앉아서 아무도 움직일 수가 없었다. 그런데도 손을 높이 들어, 결신의 뜻을 나타내는 사람이 많았다. 얼마나 많은 사람이 마음을 열고 성령을 충만하게 받아들였는지 말로 표현할 수가 없다. 한 가지 분명한 것은 하나님이 강력하게 역사하셨다는 사실이다. 그분의 이름에 영광을 돌리자!

러크Luck에서 열린 집회는 대만원이었다. 집회 장소가 매우 비좁아서 복도에 서 있는 사람도 많았다. 옆방이 다 들어찼는데도 여전히 밖에서 들어오지 못한 사람이 상당했다. 결국에는 그 지역에서 가장 넓은 강당을 빌리기로 했는데 그곳은 2층으로 되어 있고 한 층은 뒤쪽에 있었다.

그러나 그날 아침, 그 거대한 강당도 복도, 문 쪽 할 것 없이 구석마다 사람들이 빽빽하게 들어찼다.

회중 가운데 5분의 1은 유대인이었다. 그 유대인들이 메시지를 경청한 것이다. 그들이 조용하게 앉아 아무런 방해도 하지 않는 것을 보고 사람들은 크게 놀랐다. 말씀을 잘 받아들인 것이다. 그렇다. 최소한 오늘날 폴란드에서는 유대인들도 복음의 메시지를 듣는다. 서너 시간 동안이나 서거나 앉아서 말씀을 경청하던 그 얼굴들을 결코 잊을 수 없을 것이다. 월요일 아침 마지막 집회 때는 75명이 초청에 응하여 예수 그리스도를 개인의 구주로 영접했는데, 유대인은 몇 명이나 결신했는지 모르겠다.

러시아 말로 "구원받았네"를 찬송하는 그 소리! 우리는 "그리스도로 구원받았네!"를 기쁘게 반복해서 불렀다. 유대인들도 그 찬양을 잊지 못할 것이다.

이렇게 전도 사역을 마친 지 얼마 지나지 않아 폴란드는 전쟁으로 폐허가 되고 말았다. 내가 하늘의 환상에 불순종했다면 어떻게 되었을까? 복음을 들어보지도 못하고 무참하게 학살당한 사람이 얼마나 되었을까?

라트비아

수백 명의 사람이 여기저기에 서 있었다. 얼마나 놀라운 광경인지! 소식은 불길처럼 퍼져 나갔다. 내가 설교하면 페틀러 목사가 통역을 해주었다. 예배는 거의 네 시간이나 계속되었다. 수십 명이 강단에 무릎을 꿇고 기도하고, 울며 죄를 회개하였다. 오늘은 비가 많이 내리는데도

3,000명 넘게 모였다.

나는 그 엄청난 청중을 보고 놀라지 않을 수 없었다. 의자에만 가득 차게 앉은 것이 아니라, 가운데 복도에는 문자 그대로 사람들이 빽빽하게 서 있었다. 양쪽 담에도 사람들이 촘촘하게 붙어 섰고, 강단 좌우 끝에도 여러 명이 있었다. 2층을 보니 그 많은 사람이 나를 내려다보고 있었다. 그 광경을 어떻게 잊겠는가? 이 놀라운 선교지! 곡식은 익어 추수를 기다리는데 추수꾼들은 지금 어디에 있단 말인가?

다음 날 아침, 한 교회에서 예배를 드리며 나는 성령에 대해 설교했다. 예배가 끝나자 한 부인이 내게 쏜살같이 오더니 자기가 두 사람에게 못살게 굴었는데 용서받고 싶다고 말했다. 주위에 있는 사람들을 아랑곳하지 않고 무릎을 꿇고 울며 기도하는 사람이 수십 명이 넘었다. 그들은 죄를 회개하고 통회의 눈물을 흘렸다. 하나님을 갈구하는 사람들의 기도 소리를 들으면서 나는 깊은 감동을 받았다. 그날 아침, 하나님의 성령께서 사람들 마음속에 크게 역사하셨고 예배는 그렇게 4시간이나 계속되었다.

그 후에 가장 큰 극장에서 설교를 하게 되었는데, 그곳도 만원이었다. 그 수많은 얼굴들! 복도에 가보았더니 거기에도 사람들이 앞에서 뒤까지 가득 차서 전혀 통로가 보이지 않았다. 2층도 가득 찼다. 서 있는 사람이 상당히 많았다. 이 얼마나 귀한 기회인가! 그 자유와 기쁨! 나는 9시에 설교를 마쳤지만 페틀러 목사는 10시 반까지 집회를 계속했다. 집에 돌아간 사람은 아무도 없었다. 회중은 주는 말씀을 한 마디도 빠짐없이 다 받아먹었다.

마지막에 결신 초청을 하자 약 40명이 앞으로 나와서 강단에 무릎을 꿇었다. 한 여자아이는 깊이 죄를 깨닫고 소리 내어 울었는데, 그 전까지는 전혀 믿지 못했다는 것이다. 타락했던 사람이 다시 제자리로 돌아왔다. 모든 사람이 도전을 받아 변화했고, 많은 사람이 빛나는 얼굴로 돌아갔다. 그러나 여전히 많은 사람이 남아 있었다.

밤에 큰 강당에 도착해 보니 사람들이 이쪽 끝에서 저쪽 끝까지 빈틈없이 들어차 있었다. 2층도 마찬가지였고, 복도에도 빈자리가 없었다. 겨울밤이라 날이 추웠는데도 사람이 많이 온 것이다. 얼마나 열심히 귀를 기울이는지! 앞에 공간이 전혀 없는데 어떻게 결신자를 초청해서 앞으로 나오게 할 것인가? 우리는 집회를 끝내고 비공식적으로 다시 모였다. 그런데 돌아간 사람은 반도 안 되었다. 여전히 마룻바닥에도 앉을 자리가 없을 정도였다. 대안이 필요했다. 우리는 앞쪽 50석을 정돈하고 초청을 했다. 금세 그 자리가 채워지고 그 뒤에 여러 사람이 서게 되었다. 결코 잊을 수 없는 영광스러운 광경이었다. 남녀노소를 막론하고 기쁨으로 주님께 자신을 드리는 역사가 일어난 것이다. 집회는 밤 11시 15분이 되어서야 끝이 났다.

우리는 할 수 있는 한 가장 큰 장소를 빌렸는데도, 사람들이 엄청나게 많이 왔기 때문에 그대로 돌아간 사람이 적지 않았다. 통로와 창가에 자리를 잡은 사람도 있고, 강단 위에도 올라와 앉았으며, 구석까지 사람들이 서 있었다. 그 많은 사람이 이리저리 움직이고 있었다.

오, 이 많은 사람들! 어떻게 이들을 잊겠는가! 밀리던 수많은 영혼들! 추수할 것은 한없이 많은데 추수꾼이 너무 적다! 얼마나 방대한 선교지인가? 우리 선교회에 모여드는 이들은 다가가기가 쉬운 사람들이다.

바로 이것이 내가 방문한 선교지, 아직 한 번도 복음이 들어가지 않은

라트비아다. 나는 마음에 감동을 받고 내 영혼은 그 땅에 대한 부담을 갖게 되었다. 내 눈으로 직접 그 엄청난 수의 사람들을 보았으며, 그 사실이 나를 설복시키고 만 것이다. 생전에 한 번도 복음을 들어본 적이 없는 라트비아 사람들에게 복음을 전하면서 여러 달 동안 시간을 내어 이곳저곳으로 다닐 수 있다면 얼마나 좋을까? 나는 회심한 사람들에게 고맙다는 편지를 수백 통이나 받았다.

내 눈앞에는 많은 사람이 통로와 걸상에 꼭 붙어 앉아 있다. 다시 한 번 그들의 호소력 있고 열정적인 찬송과 기도를 들을 수 있었다. 그들이 내게 더 남으라고 할 때는 바로 그 손들이 나를 누르는 것 같았다. 눈물이 얼룩진 그들의 서글픈 얼굴이 과거 어느 때보다 강렬하게 머릿속에 박혔는데, 오래전 우리 주님이 멸망해 가는 세상을 보시고 연민의 정으로 우시던 모습이 떠올랐다.

호주

라이쿰 극장에서 드린 예배를 어떻게 설명할까? 먼저 그곳에 모였던 회중부터 이야기하자면, 의자와 통로는 물론 계단까지 앉거나 서 있는 사람들로 극장이 터질 것 같았다. 안에 들어오지 못한 사람은 밖에서 확성기를 통해 설교를 들었다. 그런데 놀라운 일이 나타났다! 75명이 상담실에 들어와 모두 개별 상담을 받은 것이다. 상담자들이 오히려 압도당할 정도였다. 놀라운 역사가 아닌가! 깊고도 깊은 각성이 있었다.

호주의 주요 신문 가운데 하나인 〈더 메서디스트〉The Methodist는 "큰 비가 있었다"는 제하에 그 집회를 기사로 실었는데, 여기에 그 일부를 소개하고자 한다.

필자는 다양한 종류의 집회에 참여한 경험이 많으나 캐나다의 오스왈드 스미스 박사가 설교한 지난 주일 저녁 예배만큼 놀라운 경험은 처음이었다. 라이쿰에서 그 설교자보다 더 많은 사람에게 설교한 사람은 없었으며, 웨슬리 예배당이 처음으로 사람들로 차고 넘칠 정도였다. 확성기를 써야 할 만큼 많은 사람이 그 예배에 동참했다.

스미스 박사의 성공적인 집회 소식이 전해지면서 사람들에게 대단한 기대가 생겼으며 참여한 모든 사람이 열렬한 기대를 품고 있음이 드러났다. 사람들은 예배 시간을 기다리는 동안 찬송을 불렀다. 서 있을 여지도 없이 사람들이 빽빽이 들어섰다. 정통적인 형식으로 결신 초청을 하자 즉각적인 반응이 나타나 굉장히 많은 사람이 몰려나왔다. 안내하는 사람들은 그 구도자들을 네 곳의 상담실로 인도했는데, 두 사람은 여자들을, 다른 두 사람은 남자들을 상담했다. 모두 일대일로 상담했으며 능력 있게 복음을 전했다. 사람들 얼굴에는 대부분 눈물 자국이 완연했다.

자메이카

자메이카 현장 목격담을 간략하게 인용한다.

주일 밤 킹스턴에서 열린 집회에서 스미스 박사가 결신 초청을 하자 잠시 온 회장이 무너지는 것 같은 사태가 벌어졌다. 남녀노소를 막론하고 사람들이 떼를 지어 그리스도를 영접하겠다고 강단 앞으로 나섰기 때문이다. 마치 군대처럼 1층과 2층에서 몰려나왔고, 아래쪽 마룻바닥에 앉아 있던 사람들도 나왔다. 커다란 파도처럼 밀려 계단을 내려가 모두 상담실로 들어갔다. 상담자 한 사람이 10여 명씩 상담해야 할 만큼 구도자가 많았다. 특별한 권고를 하거나 격려해 줄 필요조차 없었다. 그런 움직임은 자연스러운 것이었다. 진지한 얼굴과 눈물에 젖은 눈을 한 사람들이 주님께로 모여들었다.

자메이카에서 그렇게 강력한 역사가 일어난 것은 처음이라고 말하는 사람이 많았다. 커다란 대강당과 발코니까지 사람들이 운집하여, 전도자가 그곳에 도착했을 때에는 거의 숨조차 쉬기 어려운 상태였다. 심지어 넓은 강단 위까지 모여들었다. 그대로 돌아간 사람도 수없이 많았다. 집회장 주변은 물론이고, 인근 공원에 모인 사람들도 그대로 선 채 확성기를 통해 예배 진행을 듣고 설교를 경청했다. 그들의 표정은 정말 진지하고도 엄숙했다. 그 첫 주일 밤, 얼마나 많은 사람이 구원받고 그 영혼이 소생했는지는 오직 하나님만 아실 것이다.

다음에 소개하는 이야기는 내 아들 폴 스미스Paul Smith와 함께 대운동장에서 가졌던 자메이카에서의 두 번째 집회 내용이다.

오스왈드 스미스 박사가 얼마 전 자메이카에서 큰 집회를 열었는데, 마치 부흥과 같았다. 밤마다 사람들이 모여드는데 처음에는 약 4,000명이 오더니 금방 숫자가 늘어, 운동장 관리인과 여러 사람의 말에 따르면 지난주까지 매일 밤 평균 1만 명이 모였다.

어떤 통계에 따르면, 지난 밤에는 1만 5천 명이 집회에 참석했다. 그런데 2만 명이었다고 말하는 사람이 대부분이다. 하룻밤 집회에서 475명이 예수 그리스도를 믿기로 결신했다. 예배가 시작되기 1시간 전부터 사람들이 모여들어 대운동장은 초만원을 이루었다. 수천 명이 예배 시간 내내

서 있었다. 자메이카 역사상 이처럼 놀라운 사건은 본 적이 없었다.

매일 밤 그리스도를 영접하기 위해 강단 앞으로 나오는 사람이 150–400명이었는데, 그런 일이 비일비재했다. 상담자 수가 부족해서 한 사람이 여러 사람을 상대해야만 했다. 위대한 결신을 한 사람이 최소한 2,000명이었지만, 이름을 알 수 없는 결신자 수도 엄청났다.

운동장 스탠드에 사람들이 빽빽하게 들어찼기 때문에 통로가 전혀 보이지 않았다. 앞쪽 공터도 이미 꽉 찼고, 반대편에도 수천 명이 모여 있었다. 담장 밖에는 집회에 참여한 사람들의 자동차가 거리를 메웠고, 상당히 많은 사람이 담을 기어 올라가 앉고 심지어 지붕 위에도 여기저기 앉아 있었다. 스미스 박사의 전도 역사상 이렇게 많은 사람에게 설교한 적은 처음이었다.

상담하기 위해 대형 스탠드에 앉아 있던 사람들을 비키게 했는데 구도자들은 조용히 기다리며 설교자에게 손을 흔들어 보였고, 구름 떼같이 몰려 올라가 상담을 받고 그리스도께로 돌아오는 역사가 일어났다. 그렇게 많은 사람이 모였는데도 장내는 질서 정연했다.

집회가 열린 두 주 동안 참석한 사람이 15만 명 정도라는 통계가 나왔다. 여러 도서 지방에서 트럭을 타고 집회장에 온 사람들도 있었다. 매일 밤 오후 7시부터 집회가 시작되었는데 그들 대부분이 한 시간 전에 도착했다. 두 시간 동안 서로 어깨를 맞대고 움직일 수도 없는 상태로 서서 말씀을 들었다. 일간신문들은 그 광경을 웨슬리와 휘트필드 시절과 비교했으며, 대운동장에 그만큼 많은 사람이 운집한 적이 없었다고 시사했다.

남아메리카

> 부에노스아이레스는 스미스 박사가 1957년에 집회를 열었던 8개 도시 가운데 하나다. 강당에는 하룻밤에 2만 5천 명이 운집했고, 거의 5천여 명이 그대로 돌아갔다. 300여 개 교회가 협력했으며, 8회에 걸친 집회에서 거의 4,500명이 예수 그리스도를 믿는 새로운 결신을 했다. 빌리 그레이엄은 "주님은 복음전도 운동의 역사에서 거의 손이 닿지 못했던 사람들의 마음을, 스미스 박사를 통해 감동시켰다"고 말했다. 이곳에서의 집회는 남아프리카, 호주, 뉴질랜드, 아일랜드, 스칸디나비아에서 열린 집회보다 훨씬 크고 놀라웠다.

이런 일들이 미국에서도 나타나야 한다. 오늘날의 숱한 문제를 해결할 수 있는 길은 구식과도 같은 부흥이 아니고서는 달리 좋은 방법이 없다. 지금은 하박국 선지자의 기도를 다시 드릴 때다.

> 여호와여 주는 주의 일을 이 수년 내에 부흥하게 하옵소서 이 수년 내에 나타내시옵소서 진노 중에라도 긍휼을 잊지 마옵소서(합 3:2).

우리는 이 세대의 마지막을 살고 있다. 심판이 앞에 있으니 심판 아니면 부흥, 긍휼 아니면 진노를 입을 것이다. 우리는 긍휼을 얻지 못한다면 심판을 면할 수가 없다. 부흥이 아니고서는 우리를 구할 것이 없다. 이것은 개인에게도 마찬가지이며 교회에도 똑같이 적용된다.

지금 우리는 갈림길에 서 있다. 하나님이 부흥을 보내시지 않는다면,

심판을 내리실지도 모른다. 그것이 심판이 될지 부흥이 될지는 우리에게 달려 있다. 우리는 그저 평범한 교역자가 될 수도 있지만, 제단 뿔을 부여잡고 하나님이 다시 한 번 강력한 부흥 가운데 나타나지 않으신다면 놓지 않겠다고 하나님을 붙잡는 교역자가 될 수도 있다.

17장

상담실 전도, 이렇게 하라

지금 우리가 생각해 보려는 것만큼 중요한 주제는 없을 것이다. 많은 전도 집회가 상담실 사역을 제대로 활용하지 못하기 때문에 제자리로 돌아간다. 설교를 듣고 손을 들고 일어섰다고 해서 사람들이 구원받는 것은 아니다. 그들이 강대상 앞으로 나와서 설교자와 악수를 한다거나 결신 카드에 서명한다고 해서 회심이 일어나는 것도 아니다. 사람들은 대부분 그 모든 것을 한 후에 거듭났다. 그들은 상담실에서 구원받는다. 그것이 바로 무디의 방법으로, 이보다 더 좋은 열매를 맺는 방법은 없다. 나는 평생 동안 사역을 하면서 늘 이 방법을 사용했다.

이제 상담실에서 영혼을 구하기 위해 할 일이 무엇인지 살펴보자.

1. 준비하라

어떤 교회는 전혀 결과를 준비하지 않는다. 집회를 자주 나가 보면, 개인 전도자가 전혀 훈련되어 있지 않은 곳도 있고 더욱이 상담실조차 없는 경우도 있다. 실제로 어떤 결과도 기대하지 않는 교회를 간 적이 있는데, 그곳은 집회에서 사람들이 예수 그리스도를 영접하려고 앞으로 나와도 아무런 준비가 없었다. 그러므로 우리는 결과를 얻기 위한 준비를 해야 한다.

좋은 결과를 기대하면서 우선 준비해야 할 것은 상당수의 개인 상담자를 훈련하는 것이다. 그들을 철저하게 훈련하여 영혼을 그리스도께로 인도하는 법을 익히 알도록 해야 한다. 그리고 결신을 원하는 사람들을 위해서 반드시 상담실을 마련해 두어야 한다. 만일 내가 그 방을 준비한다면 벽 쪽을 향해 걸상 두 개를 나란히 놓고, 또 다른 걸상 두 개는 저만큼 멀리 벽을 향해 앉도록 정돈해 놓아 되도록 많은 걸상을 준비하여 상담에 불편이 없게 할 것이다. 상담실은 본당 건물에 붙어 있거나 가까워서 사람들이 쉽게 찾아갈 수 있어야 한다. 또 남성 상담자들을 책임지는 지도자와 여성 상담자들을 책임지는 지도자를 선정해 두어야 한다. 이런 식으로 결과에 대비해야 한다.

2. 지혜롭게 하라

개인 상담자들에게 부탁하여 실내 공기가 지나치게 탁하지 않게 한다. 남자는 남자 상담자가 맡아서 전도하고, 여자는 여자 상담자가 담당한다. 혹 나중에라도 비판거리가 될 만한 것이 없도록 준비한다.

3. 무릎을 꿇으라

상담할 때 그대로 선 채로 하거나 걸상에 앉아서 하면 주변에 자꾸 신경을 쓰고 방해를 받게 된다. 나는 그 사람이 벽 쪽을 향해 무릎을 꿇게 하고, 되도록 다른 것에 방해받지 않고 상담을 받을 수 있게 한다. 많은 사람이 무릎을 꿇은 채 그리스도를 만났다. 나를 상담하려던 개인 전도자는 계속 나를 걸상에 앉아 있게 했는데, 그는 상담에 실패했다. 나는 그런 실수를 범하지 않을 것이다.

4. 논쟁하지 말라

구도자들은 상담자와 논쟁하려고 할 것이다. 어떤 때에는 매우 어려워 대답할 수 없는 질문을 던질 것이다. 그런 질문에 하나하나 대답하려고 시도하지 말라. 상담을 마친 다음에 대답하겠다고 말해도 된다. 그 사람이 그곳에 온 것은 구원받기 위한 것임을 상기시키고, 그의 호기심을 충족시키지 않도록 하라. 한 질문에 대답하면 또 다른 질문을 불러올 수 있다. 그런 질문에 답변하기 시작하면, 처음에 가진 죄의식도 사라지고 그 상담은 결국 실패하게 된다.

5. 성령을 의지하라

역사하시는 분은 성령이시다. 죄를 깨닫게 하고 회심하게 하는 이도 성령이시다. 우리는 할 수 없다. 신앙이 아무리 깊어 보이는 사람이라도 전적으로 성령을 의지해야 한다. 성령께서 역사하지 않으시면 결코 회심은 오지 않는다.

6. 많이 기도하라

상담하는 동안에는 조용히 기도해야 한다. 시작하기 전에 기도하라. 개인 상담을 하는 동안에도 계속 기도하라. 기도를 끊지 말라. 하나님은 그런 기도에 반드시 응하신다.

7. 상태를 분석하고 알맞은 치료법을 쓰라

전도 사역에서 다루어야 할 대표적인 네 그룹이 있다. 실제로 나는 초청할 때 네 그룹에 따라 초청한다. 첫째는 구원받지 못한 사람이고, 둘째는 믿다가 타락한 사람이며, 셋째는 확신이 없는 사람이고, 마지막은 신앙생활에 늘 실패하는 사람이다. 어느 집회에 가든지 이런 사람들은 반드시 있으며, 새로운 결신을 할 때 그 상태를 잘 구분하여 구체적인 해결을 받게 해야 한다. 그렇지만 그런 문제를 분석하고 올바른 치료법을 사용할 사람은 개인 전도자이기 때문에, 그들에게 문제 처리 방법을 가르쳐주어야 한다.

우선 구원받지 못한 사람, 즉 예수 그리스도를 개인의 주님으로 영접하지 않아 자신을 그리스도인이라고 생각하지 않는 사람들이 있다. 이런 사람은 초청에 응하여 구원을 받게 해야 한다.

둘째 그룹은 믿다가 타락한 사람들인데 어느 집회에 가든지 이런 사람이 많다. 이들은 신앙에서 멀리 떠나 방황하고 다니는 사람들이다. 첫 사랑을 잃고 이제는 냉랭해져 봉사도 상실한 상태다. 하나님 말씀과 기도를 멀리하여 간증이 없으며, 그중 일부는 세상 속에 휘말려 들어가 있다. 이런 사람은 하나님과의 교제 가운데로 다시 돌아오게 해야 한다.

셋째 그룹은 자신이 구원받았는지를 모르는 사람들이다. 구원에 대한 확증이 없는 것이다. 오늘은 구원받은 것 같다가도 내일은 또 의심한다. 확신이 없기 때문에 항상 의심 가운데 지낸다. 회중이 모인 곳에 가면 언제나 이런 사람을 만나게 되는데, 이들도 결신 초청에 응할 수 있게 해야 한다. 그들도 하나님께는 고귀한 사람들이기 때문이다. 그들 스스로 사망에서 생명으로 옮겼다는 사실을 알게 해야 한다.

끝으로 신앙생활에서 늘 패배를 거듭하는 사람이 있다. 이들은 죄에 얽매여 살아간다. 아직 극복하지 못한 문제, 처리하지 못한 문제가 남아 있는 사람이다. 어쩌면 은밀한 죄가 있을 수도 있고, 미신이나 우상을 섬기는지도 모른다. 그것이 그 사람의 습관일지 모르나 어쨌든 그것 때문에 그는 하나님과 가까이 살지 못하고 하나님께 쓰임받지 못하는 것이다. 그는 승리하는 그리스도인이 아니다. 그런 문제에서 구원해내시는 하나님의 은혜를 알지 못하는 사람이다. 다시는 실패하지 않겠다고 하나님께 다짐하지만 그런 결단은 금방 허사가 된다.

그리스도인들은 대부분 한 가지 습관적인 죄를 가지고 있는데 그래도 승리할 수 있다. 이 패배하는 사람들도 초청에 응하게 하여 그런 얽매이는 죄에서 자유로워지게 해야 한다.

무엇보다도 먼저 상담자는 그 상태를 정확하게 진단해야 한다. 흔히 구도자 곁에 앉아서 그 사람이 구원받기를 기도하는 개인 전도자가 많은데, 때로는 구원받기 위해 나온 것이 아닌 사람도 있다. 상담자는 그가 무엇 때문에 초청에 응하여 나왔는지를 정확하게 알아보는 것부터 시작해야 한다. 그가 어떤 부류에 속한 사람인지 잘 구분해야 한다. 구원받지 못한 사람인지, 믿다가 타락한 사람인지, 구원의 확신이 없는 것인지, 실패하고 있는 그리스도인인지 잘 구분하여 올바른 치료법을 사용하지 않으면 기대할 만한 결과를 얻지 않는다. 구원받지 못한 사람에게 적합한 치료법이 타락한 사람에게는 맞지 않으며, 타락한 사람에게 필요한 치료법이 실패하는 사람에게는 적당치 않기 때문이다. 먼저 진찰을 정확하게 해야 하는데, 질병이 무엇인지 모르면 정확하게 처방할 수가 없다.

이제 어떤 처방이 나왔는가? 구원받지 못한 사람은 어떻게 상담해야 하는가? 확신 없는 사람이나 타락한 사람은 어떻게 다뤄야 하는가? 각자 고유의 방법이 있다면 구태여 내 방법을 사용하지 않아도 될 것이다. 그렇지만 어떤 특별한 방법이 없다면 내가 지난 50여 년간 사용하여 놀라운 효과를 얻은 방법을 소개하고자 한다.

(1) 구원받지 못한 사람

이런 사람을 상담할 때는 흔히 이사야 53장 6절에서 시작하는데 그 구절을 읽어주는 것이 아니라 피상담자가 직접 읽게 한다. 나는 성경을 그 사람 앞에 펴놓고 나란히 무릎을 꿇는다. 그에게 소리 내어 성경을 읽게 하고, 나는 손가락으로 그 문장을 따라간다. "우리는 다 양 같아서 그릇 행하여 각기 제 길로 갔거늘……." 여기까지 읽으면 질문을 시작한다. 그는 무엇보다도 먼저 자신이 죄인이라는 사실을 깨달아야 한다. 의사를 부르기 전에 자기에게 병이 있다는 것을 확인하는 것과 같다. 계속 그 내용을 설명하면서 여러 질문을 던진다. 이때 "다"all라는 단어에 주목하게 한다. 그리고 그 사람이 지금 길을 잘못 가고 있다고 말해 주고, 하나님의 길을 가지 않고 자기 갈 길을 가는 것이 곧 잘못된 길을 가는 것임을 분명하게 지적해 준다. 결국 그는 자신이 죄인임을 깨닫게 된다.

그 다음에는 그 구절 후반부를 읽게 한다. 성경을 한쪽 손바닥 위에서 다른 손바닥으로 옮기는 모습을 보이면서 하나님이 그 아들 예수 그리스도를 갈보리에서 죽게 하실 때 어떻게 우리 죄를 옮기셨는지, 그리고 그리스도께서 어떻게 죄를 모두 감당하시어 온전한 속죄를 이루실 수 있었는지 설명한다. 이제 그 사람은 구원에 관한 기본적인 역사를 알게 되지만, 그렇다고 해서 그가 그리스도인이 된 것은 아니다.

내가 항상 두 번째로 펴 보이는 구절은 요한복음 1장 12절이다. 이 구절도 그가 읽게 한다. "영접하는 자 곧 그 이름을 믿는 자들에게는 하나님의 자녀가 되는 권세를 주셨으니." 그리고 질문한다. "하나님의 자녀가 되려면 어떻게 해야 합니까?" 혹시 그가 "교회에 나가야 합니다"라고 대답한다면 위 구절을 다시 읽게 한다. 그러고 나서 똑같은 질문을 했는데 "이제부터는 좀 더 훌륭한 생활을 해야겠네요"라고 말한다면 요한복음 1장 12절을 또다시 읽어보게 한다. 그렇게 해서 하나님의 자녀가 되기 위해서는 예수 그리스도를 영접해야 한다는 사실을 깨닫게 한다.

그런 다음 눈을 감고 기도하도록 한 후에 예수 그리스도를 구주로 마음에 영접하도록 권한다. 예수님이 갈보리에서 이미 그의 무수한 죄를 모두 처리하셨으며 이제 하나님은 그를 용서하실 수 있다는 것을 알려주면서 그리스도를 마음에 받아들이게 한다. 그 사람이 한 번도 기도해 본 적이 없어서 할 줄 모른다면, 상담자가 하는 기도를 한 마디씩 따라 하게 한다. 그러고 나서 눈을 뜨면 그에게 어떤 확신을 갖게 되었는지 물어본다. 그가 정직하게 주 예수 그리스도를 마음에 모시고 구원해 달라고 기도했다면, 그 다음에는 두 번째 기도를 드리자고 제안한다. 이 기도는 대단히 중요한 것이기 때문에 꼭 하는 것이 좋다. "주 예수 그리스도께서 이 분을 구원해 주시니 참으로 감사합니다"라는 내용의 기도다. 이제는 그 사람이 하나님께 감사를 드린다. 무슨 일이 생기는지 알겠는가? 10명 중 9명은 구원하신 주님께 감사하고 찬양하기 시작할 때, 그 마음속에 자신이 확실히 하나님의 자녀가 되었다는 성령의 증거를 알게 된다. 두 번째 기도를 드리고 나서 눈을 뜨면, 나는 그에게 정말 구원받았는지 묻는다. 이때에는 긍정적인 대답을 들을 수 있다.

(2) 타락한 사람

타락한 사람을 위한 처방은 무엇인가? 요한일서 1장 9절이 훌륭한 처방전을 알려준다. "만일 우리가 우리 죄를 자백하면 그는 미쁘시고 의로우사 우리 죄를 사하시며……." 나는 그 사람이 이 구절을 믿을 수 있을 때까지 반복해서 읽도록 한다. 그리고 머리를 숙이고 상담자에게가 아니라 하나님께 죄를 자백하게 한다.

기도는 끝났는데 달라진 것이 없는 것 같고, 정말 하나님이 그 죄를 다 용서하셨는지 확실하게 믿어지지 않는 경우도 많다. 그럴 때에는 두 번째 기도를 드리라. 즉 죄를 사해 주신 것을 하나님께 감사하고 찬양하는 것이다. 다시 한 번 기도할 때에는 성령께서 그 마음에 죄 사함의 증거와 용서받았다는 확신을 주셔서 주님의 사랑 안에서 소생하게 하실 것이다.

이 말은 구원받지 못한 사람이 자기 죄를 자백해야 한다는 의미가 아니다. 즉 죄를 자백하면 구원받을 수 있다는 뜻이 아니다. 그렇다면 그것은 행위이기 때문이다. 만일 죄를 자백하는 것이 구원의 근거라면 구원받지 못한 사람은 모든 죄를 자백해야 하며, 혹시 구원받지 못한다면 그 자백은 아무 소용이 없게 될 것이다. 자기 죄를 일일이 다 기억하고 있는 사람이 있을 수 있는가? 결국 기억나는 죄만 자백하게 된다. 그리스도 밖에 있는 죄인이 해야 할 일은 자기가 죄인이라는 것과 그에게 구세주가 필요하다는 것을 인정하는 것이다.

타락한 사람은 구원받지 못한 사람과 다르다. 이 사람은 원래 구원받은 사람인데 지금 그 길을 떠난 것뿐이다. 이제 이 사람은 자기가 떨어져 나온 곳으로 다시 돌아가 잘못된 것을 바로잡으면 된다. 그를 믿음에서 떨어지게 만든 바로 그 죄를 자백해야 하는데, 그렇게 해야 용서받기 때문이다. 그리스도인도 마찬가지다. 마치 『천로역정』에 나오는 "크리스천"과 같아서, 다시 갈림길로 돌아가 자기가 떨어뜨리고 온 두루마리를 찾아 들고서야 앞으로 나아갈 수 있는 것이다.

(3) 확신이 없는 사람

이런 사람에게는 늘 요한일서 5장 13절을 처방한다. "내가 하나님의 아들의 이름을 믿는 너희에게 이것을 쓰는 것은 너희로 하여금 너희에게 영생이 있음을 알게 하려 함이라." 이 구절을 자세히 보면 "짐작한다"거나 "바란다"고 하지 않고 "안다"고 말한다. 영생을 가졌다고 "생각하는"

것이 아니라 "안다"는 단어를 쓴 것이다. 요한은 이 문제에 대단히 적극적이다.

게다가 이렇게 쓰여 있지도 않다. 즉 "내가 너희에게 준 그 놀라운 느낌, 너희가 받은 신비한 감정적 체험, 또 내가 보여준 기이한 계시를 보라." 그런 내용이 전혀 아니다. 다만 "내가 이것을 쓴 것"이라고 했다. 쓰인 것은 변하지 않는다. 우리의 감정은 바뀌고 느낌도 변하지만 하나님이 쓰신 것은 절대로 변하지 않는다. 느낌을 따라간다면, 오늘은 구원받았다가 내일이 되면 구원을 잃고 만다. 확신 없는 신자의 가장 큰 문제는 바로 자기감정을 의존하는 것이다. 그들은 하나님 말씀 위에 견고하게 서는 법을 알지 못하기 때문이다.

기억하라. 그리스도인은 늘 산꼭대기에 있는 것이 아니다. 깊은 계곡이 없는 산에는 높은 꼭대기도 있을 수 없다. 어떤 때에는 그 계곡 밑으로도 내려간다. 감정에 의지하여 확신을 얻으려는 사람은 산 위에 있을 때에만 구원받을 것이다. 그런 사람은 계곡 밑에 있을 때에도 자신의 구원이 확실하다는 무언가를 갖고 있어야 한다.

"내가 …… 너희에게 **이것**을 쓰는 것은……." 이것은 무엇인가? 요한이 쓴 기록을 뜻한다. 예를 들어 요한복음 6장 37절은 "내게 오는 자는 내가 결코 내쫓지 아니하리라"고 했다. 이것이면 충분하다. 주님께로 왔는가? 그렇다면 그분은 절대로 거절하지 않으신다. 그분은 내어 쫓지 않겠다고 분명하게 말씀하셨다. 이것을 믿기만 한다면 곧 구원의 확신을 얻을 수 있다. 그뿐 아니라 "네가 영생을 얻게 될 것이다"라고 하지 않으시고, 지금 여기서 영생을 "소유하고" 있다고 말씀하셨다.

하나님은 확신 없는 사람을 쓰실 수 없다. 자신이 구원받았는지 확실히 모르는 사람이 어떻게 다른 사람에게 구원을 전할 수 있겠는가? 먼저 자기가 사망에서 생명으로 옮겨졌다는 것을 확실히 알아야 한다. 그리고 그것은 이 기록된 사실을 믿을 때에만 알 수 있다. 개인 전도자는 이런 방식으로 확신 없는 사람을 상담해야 한다.

(4) 실패하는 사람

이런 사람에게는 늘 고린도전서 15장 57절을 읽게 한다. "우리 주 예수 그리스도로 말미암아 우리에게 승리를 주시는 하나님께 감사하노니." 이 구절에 밑줄을 그어놓으라. 여기서는 "우리의 투쟁과 노력과 수고를 인하여"라고 하지 않고 그리스도로 말미암아 승리한다고 했다. 그리고 승리는 선물임을 명백하게 말하고 있다. 일해서 얻는 것도 아니고 돈 주고 사는 것도 아니다. 자기 자녀에게 주시는 하나님의 선물이며, 그분의 아들인 주 예수 그리스도를 통해서만 승리할 수 있다.

한때 바울은 절망 가운데 두 손을 떨구며 "오호라 나는 곤고한 사람이로다 이 사망의 몸에서 누가 나를 건져내랴?"고 외쳤다. 대답이 여기 있다. "우리 주 예수 그리스도로 말미암아 하나님께 감사하리로다." 그리스도께서 승리자가 되신다.

이제 한 가지 질문을 하겠다. 아마 당신은 오래전에 예수 그리스도를 구세주로 영접했을 것이다. 그런데 그분을 나의 승리자로 영접한 적이 있는가? 이 두 종류의 결단은 대단히 중요하다. 예수 그리스도를 구세주로만 영접할 것이 아니라, 나의 승리자로도 영접해야 한다. 그렇게 한 적이 있는가? 지난 오랜 세월 동안 많은 사람이 상담실로 들어가 무릎을 꿇고 예수 그리스도를 승리자로 영접한 이후 승리의 신앙생활을 하게 되었다.

개인 전도의 중요성을 이토록 강조하는 이유를 알겠는가? 나 혼자로는 많은 일을 감당할 수 없기 때문에, 회중 가운데 여러 전도자를 분산시켜 배치해 두었다. 누군가가 예수를 믿겠다고 손을 들면 전도자가 함께 앞으로 걸어 나와 상담실로 들어가 나란히 무릎을 꿇는다. 전도자는 그 사람의 상태를 잘 알아본 뒤에 적당한 치료법을 사용하여 그를 하나님께 인도한다.

보통 너무 많은 처방을 하지는 않는다. 종류가 많으면 구도자가 혼동을 일으키기 쉽고 잘 기억하지 못하기 때문이다. 한두 가지만 분명하게 알려주면 잘 잊지 않을 것이다. 한 사람을 전도하는 데 성경공부를 오래 할 필요는 없다. 유대교를 믿는 사람을 전도할 때 유대교를 반드시 다 알아야 하는 것은 아니며, 로마 가톨릭에 대해 잘 몰라도 천주교인을 전도할 수 있다. 이단에 속한 사람을 전도하기 위해서 모든 이단을 다 알고 있어야 하는 것도 아니다. 모두 한결같이 죄인이다. 그리스도 밖에 있는 죄인이라고 생각하고 전도하라. 모두 구세주가 필요한 사람들이다. 그렇다면 우리가 믿는 주님을 소개하면 된다. 가능하면 성경 구절을 적게 사용하라.

사역 초기에 이미 나는 전도자를 훈련해서 헌신되고 성실한 개인 상담자가 여러 명 있었다. 그들은 영혼을 그리스도께로 인도하는 훈련을 받고 준비된 사람들이었다. 그들 없이 나 혼자서는 극히 소수에게만 전도할 뿐이다. 실제로 일하는 사람은 그들이다. 나는 그 상담자들을 크게 신임하며, 하나님도 그들의 수고를 무척 자랑스러워하신다.

이것이 바로 상담실 전도다. 지금 나가서 이 방법을 사용한다면, 하나님이 우리의 노력을 크게 축복하신다는 것을 알게 될 것이다. 결신 초청을 하면 앞으로 나오는 사람들이 실제로 구원받는 역사가 일어난다. 즉 훈련된 개인 전도자가 그들을 그리스도께로 인도하는 것이다. 그가 믿다가 타락한 사람이라면 소생할 것이고, 확신이 없는 사람은 확신하게 될 것이며, 실패해 온 사람이라면 승리를 경험할 것이다. 이렇게 할 때 실제적으로 지속적인 사역이 된다. 결신자 수는 손들고 앞으로 나온 사람의 수가 아니다. 내가 이야기하는 결신자는 상담실에서 개인적으로 전도된 사람을 뜻한다. 전도는 상담실 안에서 언제나 풍성한 열매를 맺을 것이다.

18장

우리가 전해야 할 것들

전도할 때는 적어도 다음 일곱 가지 진리를 명확하게 강조해야 한다. 기독교 신앙에서 이 일곱 가지 진리는 대단히 중요한 요소로, 정죄에서 영화에 이르기까지 우리의 신앙 경험 전반을 총망라한다. 이것을 강조하여 하나님의 구원에 관한 위대한 진리를 더욱 분명하게 제시하는 것은 지극히 중요하다.

1. 구원의 필요성_ 인간의 죄

우리는 다 양 같아서 그릇 행하여 각기 제 길로 갔거늘(사 53:6).

모든 사람이 죄를 범하였으매 하나님의 영광에 이르지 못하더니(롬 3:23).

이 두 구절에서 하나님은 구원의 필요성을 분명하게 말씀하신다. 인간은 죄를 지었다. 누구도 예외 없이 모든 사람이 범죄했으며 각기 제

길로 갔다. 인간은 죄인이기 때문에 절대로 구원이 필요하다. 누군가를 그리스도께 인도하기 전에, 그가 죄인이라는 것과 구세주가 필요하다는 사실을 반드시 깨닫게 해주어야 한다. 그렇게 될 때에야 주 예수 그리스도께로 돌아와 구원받게 된다. 우리가 물에 빠져 익사 상태에 있다는 것을 알지 못한다면 구조해 주길 원하지도 않을 것이다. 길을 잃어버렸다는 것을 인식하지 못한다면 찾아주길 원하지 않을 것이다. 병들었다는 것을 아는 사람만이 의사를 부른다. 구원도 마찬가지다. 인간은 자신의 곤경을 깨달아야 한다. 길을 잃은 자, 패배한 자라는 것을 알아야 한다. 허물과 죄로 죽었으며 죄인이기 때문에 구세주가 필요하다는 것을 알아야 한다.

사과나무에 사과가 열린다고 해서 사과나무라고 부르는 것이 아니라 그 나무가 사과나무이기 때문에 사과를 맺는 것이다. 사과가 열리지 않을 때에도 그 나무는 여전히 사과나무임이 틀림없다. 사람은 죄를 지어서 죄인이 된 것이 아니라 죄인이기 때문에 죄를 짓게 된다고 말할 수 있다. 구원이 필요하다는 것을 깨달으면 구원받기를 원한다.

그렇기 때문에 하나님 말씀을 통해 그가 죄인이라는 사실을 깊이 깨닫게 하는 것이 대단히 중요하다. 그 사람이 어떻게 느끼는지는 아무 상관이 없다. 다만 하나님 말씀을 토대로 죄인인 것을 인정하고 그 문제를 해결해야 한다. 이런 메시지로 죄를 깨달아, 다른 것을 더 말하기에 앞서 이 문제로 상당한 시간을 보내야 한다. 인간은 예외 없이 죄인이며 반드시 구원받아야 한다.

2. 구원의 근거_ 그리스도께서 이루신 일

여호와께서는 우리 모두의 죄악을 그에게 담당시키셨도다(사 53:6).

그리스도께서 우리 죄를 위하여 죽으시고(고전 15:3).

사람이 죄인인 것을 깨닫게 한 다음에는 구원의 근거를 제시해야 한다. 하나님의 구원 근거는 그리스도께서 행하신 일이다. 다른 것이 없다. 약 2,000년 전 예수께서 갈보리의 십자가에 달리셨을 때, 하나님은 죄 없으신 주 예수 그리스도의 머리 위에 인간의 죄를 얹어놓으셨다. 예수께서 "나의 하나님, 나의 하나님, 어찌하여 나를 버리셨나이까?" 하고 외치실 때, 하나님은 그 얼굴을 돌이키셨다. 그 순간 우리 각 사람의 죄는 예수 그리스도 위에 놓인 것이다.

그리스도께서 죽으신 것은 인간의 죄 때문이었고, 그분의 죽으심이 곧 하나님의 구원 근거가 되었다. 하나님이 죄를 용서하시려면 먼저 죄의 장애물을 모두 제거하셔야만 한다. 그 일이 이루어진 후에는 언제나 자유롭게 사죄해 주실 수 있다. 구원이 마련되어야 했다. 예수 그리스도께서는 부패하고 낭패한 인간을 보시고 구속하시기 위해 내려오신 것이다.

이렇게 하셨다고 해서 모두 구원받은 것은 아니다. 음식이 마련되었어도 먹기를 거절하는 사람이 있을 수 있다. 생명을 구해 줄 밧줄을 던졌어도 물에 빠진 사람이 잡지 않을 수 있는 것이다. 하나님이 구원을 준비해 놓으신 것만으로는 충분치 않다. 그 구원이 준비되어 있다는 것을 인간이 알아야 하고, 갈보리 십자가 위의 예수 그리스도께서 그 구속을 온전히 완성하셨기 때문에 더 이상 할 것이 없다는 사실도 알아야 한다. 인간은 그 완성된 일에 아무것도 더할 수 없다. 예수님은 십자가에 달리셨을 때 "다 이루었다"고 크게 외치셨다. 할 수 있는 일은 모두 다 이루어졌고 지금까지도 효험이 있다. 따라서 구원의 근거는 그리스도께서 하신 일이다. 이 진리를 강조해야 한다.

3. 구원의 방법_ 그리스도를 믿음

오직 의인은 믿음으로 말미암아 살리라(롬 1:17).

주 예수를 믿으라 그리하면 너와 네 집이 구원을 받으리라(행 16:31).

마르틴 루터는 로마의 계단을 오르면서 위대한 진리를 발견했다. 그의 마음속에 섬광처럼 스친 말씀이 있었다. "오직 의인은 믿음으로 말미암아 살리라." 그날 거기서 루터는 구원이 행위가 아니라 믿음으로만 얻을 수 있다는 사실을 깨달았다. 빌립보 감옥의 간수도 마찬가지였다. "내가 어떻게 하여야 영생을 얻으리이까"라는 질문에 바울은 "주 예수를 믿으라 그리하면 너와 네 집이 구원을 받으리라"고 대답했다.

구원은 믿음으로 얻는 것이지 절대로 행위로 얻는 것이 아니다. 이 위대한 진리 위에 거하는 것이 중요하다. 선한 행위가 사람의 영혼을 구원할 수 없다는 것을 분명히 해야 하며, 유일한 길은 믿음뿐임을 충분히 깨닫게 해야 한다. 그것이 하나님의 계획이다. 지극히 간단하지만 절대 효험이 있다. 우리가 주 예수 그리스도를 마음에 영접하는 순간, 즉 우리가 마음으로 그를 믿는 순간 우리는 구원받는다. 어떤 교리나 윤리 조항을 믿는 것이 아니라 한 인격이신 주 예수 그리스도를 믿는다. 우리를 구원하는 것은 우리 믿음이 아니라 그리스도시다. 다만 믿음은 그 연결고리가 되는 것이다. 믿는 순간 사망에서 생명으로 옮겨간다. 이 위대한 진리는 반복해서 강조되어야 한다.

구원의 확실한 길은 그리스도를 믿는 것임을 강조할 때 동시에 소극적인 측면도 언급해야 한다. "행위에서 난 것이 아니니 이는 누구든지 자랑하지 못하게 함이라"(엡 2:9). 우리는 선한 행위로는 결코 구원받지 못한다는 것을 가르쳐주는 여러 성경 구절을 찾아볼 수 있다. 유일하고도 확실한 구원의 길은 주 예수 그리스도께서 완성하신 사역을 믿는 믿음뿐이다. 우리는 그리스도로 인하여 믿음을 통해 구원받는다.

어떤 전도 집회에서든 이 진리는 분명하게 선포되어야 한다.

4. 구원의 확신_ 하나님의 말씀

> 내가 하나님의 아들의 이름을 믿는 너희에게 이것을 쓰는 것은 너희로 하여금 너희에게 영생이 있음을 알게 하려 함이라(요일 5:13).

이제 대단히 중요한 문제인 구원의 확신을 살펴보자. 여기서 확실히 설명해야 할 것은 우리의 느낌으로는 결코 구원의 확신을 얻지 못한다는 것이다. 구원의 확신은 하나님 말씀에 근거해야 한다. 하나님 말씀을 그대로 믿을 때 성령께서는 우리가 하나님의 자녀인 것을 우리 영과 함께 증거하시게 된다. 이 하나님 말씀 위에 견고하게 서지 못하는 한 확신의 의미를 알지 못할 것이다.

"내가 너희에게 주는 느낌"이 아니라 "내가 …… 이것을 쓰는 것"이라고 말씀하신다. 또한 "네가 영생을 가지고 있다고 바라거나 생각해도 된다"는 식이 아니라 "너희로 하여금 너희에게 영생이 있음을 알게 하려 함이라"고 표현한다. 즉 **"영생을 가지고 있다"**는 것이다. 다시 말해서 구원의 확신은 기록된 하나님 말씀에 기초한다. 구원은 우리가 알 수 있는 경험이요 현재적으로 소유하고 있는 것이다.

자기가 말하고 있는 그것을 실제로 가지고 있다는 것을 모르는 사람이라면 결코 하나님께 쓰임받지 못한다. 자기 자신에게 있는지 없는지도 모르는 것을 다른 사람에게 어떻게 전해 줄 수 있겠는가? 주위에 있는 다른 사람에게 선포하기 전에 먼저 자신의 구원을 확신해야 한다. 한 죄인을 그리스도께 인도하는 것도 중요하지만, 한 그리스도인에게 구원의 확신을 주는 것도 그 이상으로 중요한 전도다. 하나님 말씀에 확신이 없는 사람이라면, 이제 하나님이 말씀하신 그 견고한 기초 위에 서야 된다는 것을 확실하게 알려줘야 한다. 확신을 얻으면 평안과 축복이 온다. 그리스도인이라면 반드시 자신의 구원을 확신해야 한다.

5. 구원의 증거_ 열매 맺음

이러므로 그들의 열매로 그들을 알리라(마 7:20).

어떤 사람은 말하기를 너는 믿음이 있고 나는 행함이 있으니 행함이 없는 네 믿음을 내게 보이라 나는 행함으로 내 믿음을 네게 보이리라 하리라(약 2:18).

행함이 없는 믿음은 그 자체가 죽은 것이라(약 2:17).

구원의 증거는 구원의 확신과 다르다. 확신은 한 개인에게만 한정된 문제인 반면 증거는 주위 사람들과도 연관된다. 즉 나 자신은 내가 그리스도인이라는 것을 알지만 내가 사귀고 있는 사람들도 그것을 알고 있는가? 그 사람들이 내가 그리스도인인 것을 아는 유일한 방법은 내가 맺는 열매를 통해서다. 그들은 내 삶을 주시한다. 내가 달라졌는지 그렇지 않은지를 그들은 알고 있다. 만일 내 삶이나 태도가 전혀 달라지지 않았다면, 결국 내가 온전한 그리스도인이 아니라고 결론짓게 되는 것도 당연하다. 그리스도인이라면 삶이 증명한다. 열매가 있을 것이다. 주 예수께서도 요한복음 15장 1–5절에서 이 점을 아주 분명하게 언급하셨다.

행위는 구원의 근거가 될 수 없지만 구원의 증거를 제공한다. 야고보서 전체가 그것을 말하고 있으며, 특히 앞서 인용한 구절이 잘 설명하고 있다. 새로운 은혜의 역사가 있으면 그것이 외적으로 나타나야 한다. "누구든지 그리스도 안에 있으면 새로운 피조물이라 이전 것은 지나갔으니 보라 새것이 되었도다"(고후 5:17). 변화가 있었는가? 옛것이 지나가고 새것이 되었는가? 이전과 달라졌는가? 그렇다면 내 경험이 진실하다는 것이 다른 사람에게 증명될 것이다. 진정으로 구원받았다면 열매를 맺게 된다. 삶이 달라진다.

한때 사랑하던 것들을 미워하게 되고, 반대로 과거에 증오하던 것들을 사랑하게 된다. 주 예수 그리스도의 교회 안에서 영광을 돌리게 된다. 찬송 부르는 것이 기쁘고, 기도하고 성경을 공부하며 간증하고, 하나님을 위해 할 수 있는 일을 다 하면서 큰 기쁨을 느끼게 될 것이다. 주 예수님을 위해서 살고자 하는 욕망이 없다면 구원받은 증거가 없는 것이다. 열매를 맺는 것이 주위 사람들에게 증거로 나타나야 한다. 이것은 지극히 중요한 것이기 때문에 계속해서 강조해야 한다.

6. 구원의 기쁨_ 믿는 자의 행위

주의 구원의 즐거움을 내게 회복시켜주시고(시 51:12).

이 구절은 다윗의 간구로, 그는 다시 하나님과 동행하기 시작하면서 하나님의 구원의 즐거움을 경험하였다. 죄를 범하고 죄에 빠져들었을 때, 그는 마음이 무거웠다. 슬픔에 잠겼다. 그렇지만 죄를 자백하고 하나님과 관계를 회복하게 되자마자 구원의 즐거움을 다시 경험했다. 이 즐거움은 행위walk와 관련된 것이다. 그렇지만 죄를 자백하고 하나님의 뜻 가운데서 행할 때에만 구원의 기쁨을 누릴 수 있다.

타락한 자보다 더 비참한 사람은 없다. 하나님의 뜻 가운데 살지 않는 사람, 죄에 항복한 채 빛 가운데 거하지 않는 사람은 구원의 기쁨을 결코 알지 못한다. 그리스도인으로서 삶의 행복을 원하는 사람은 죄를 이기고 하나님의 뜻에 따라 살아야 한다. 승리하는 삶을 살아야 한다. 순간마다 날마다 늘 하나님이 원하시는 대로 행하고 살아야 하며, 하나님을 기쁘시게 할 때 그 구원의 기쁨을 소유하고 살 수 있다.

많은 그리스도인이 기쁨을 모른 채 처절하게 살아간다. 신앙이 있지만 기쁨이 없고, 구원을 받았지만 즐거움을 모른다. 하나님께 불순종하는 한, 하나님은 그런 사람들을 징계하시며 비참하게 하실 것이다. 그렇지만 하나님께 돌아서서 죄를 자백하고, 그분의 뜻을 따르면 즉시 구원의 기쁨을 누리게 된다. 그렇게 되면 다윗의 말처럼 죄인들이 회심하게 될 것이다. 하나님께 쓰임받는 즐거운 그리스도인은 이웃에게 기쁨으로 복음을 전할 것이기 때문이다. 구원의 기쁨은 믿는 자의 삶에 연결된 것이라는 사실을 기억하라. 기쁨에 찬 그리스도인인지 아닌지는 그가 하나님 앞에서 어떻게 사느냐에 달려 있다.

7. 구원의 완성_ 그리스도인의 상급

> 나는 선한 싸움을 싸우고 나의 달려갈 길을 마치고 믿음을 지켰으니 이제 후로는 나를 위하여 의의 면류관이 예비되었으므로 주 곧 의로우신 재판장이 그날에 내게 주실 것이며 내게만 아니라 주의 나타나심을 사모하는 모든 자에게도니라(딤후 4:7-8).

그리스도인이 상급을 받을 때 우리의 구원은 절정에 이른다. 구원받아 천국에 가는 것으로만 만족해서는 안 된다. 주 예수 그리스도를 영화롭게 하여 상급 받을 자격을 갖추는 것이 대단히 중요하다. 이미 알고 있는 대로 이 상급은 그리스도의 심판대에서 주어질 것이다. 심판대에서 어떤 사람은 손실을 보고 어떤 사람은 상급을 받는다. 주님이 그분의 신실한 종들을 위해 마련해 두신 상급을 주시는 것보다 주님을 더 기쁘시게 할 것이 없을 것이다. 따라서 그리스도인은 그날을 바라보면서 살아야 한다. 상급 받을 것을 기대해야 한다.

바울은 그 자랑스러운 날을 얼마나 간절히 기대했는가! 그는 선한 싸움을 싸우고 믿음을 지켰기 때문에 그날 상급 받을 것을 알고 있었다.

얼마나 영광스런 일인가! 그에게는 앞으로 다가올 그 몇 시간도 길게 느껴졌다. 그는 철저하게 충성했다. 그의 주님은 그에게 풍성하고도 많은 상을 약속하셨고, 그는 때가 되면 그것을 받으리라 확신했다.

바울은 면류관을 여러 번 언급했다. 사실 성경 전체를 보면 신실한 사람들에게 줄 상급이 다양함을 알 수 있다. 성경에는 “이기는 자”라는 말이 자주 나오며, 그에 따르는 상급이 설명되어 있다.

> 각각 자기가 일한 대로 자기의 상을 받으리라(고전 3:8).
>
> 이는 우리가 다 반드시 그리스도의 심판대 앞에 나타나게 되어 각각 선악간에 그 몸으로 행한 것을 따라 받으려 함이라(고후 5:10).

전도할 때 이 사실도 강조되어야 한다. 믿는 자들은 믿음 안에서 강하게 세워진다. 이것은 하나님 말씀 가운데 나타난 근본적인 가르침이다. 앞서 설명한 대로 이것들은 신앙과 경험 전체를 총망라하는 것이다. 이제는 하나님의 모든 교훈을 선포하는 일에 더욱 충성하자. 그리하면 우리의 전도가 자랑스러워질 것이다.

19장

전도에서 배우는 교훈

전도와 부흥 사역에서 우리는 적어도 여섯 가지 교훈을 배울 수 있다. 그 하나하나가 대단히 중요하다. 하나님이 우리를 도우셔서 이것들이 우리 각자의 경험이 되기를 바란다.

1. 성령의 나타나심이 없으면 성취할 수 없다

앞서 이야기했듯이 찰스 피니는 놀랍게 회심했다. 그는 회심 직후 사무실로 돌아가 불가에 앉았는데, 바로 그때 성령 세례를 경험했다. 그의 자서전을 읽어보면 성령 세례가 생생하게 묘사되어 있다. 그는 방언을 하지 않았지만, 결국 부흥사가 되게 만든 어떤 일이 생긴 것만은 사실이다.

그는 회심한 다음 날 마을로 내려갔는데, 그날 하루를 평범하게 지냈는데도 그에게 말을 건넨 사람들이 후일에 모두 죄를 깨닫고 구원받았다. 성령의 능력이 그 위에 강력하게 임한 것이다.

그날 밤, 피니는 식탁에 앉아 식사 기도를 했다. 그 식탁에는 이른바 만인구원론자가 앉아 있었는데, 기도 소리를 듣자 마음에 찔림을 받고 방을 뛰쳐나가더니 무릎을 꿇고 하나님 앞에서 고통하며 기도하기 시작했다. 놀랍게 구원받은 것이다. 피니가 한 일은 식탁에서 축복 기도를 한 것뿐이었다.

하나님의 영이 사람 위에 임하면, 비범하고도 놀라우며 신비한 일이 벌어진다. 전도와 부흥을 통해 우리가 배울 수 있는 첫째 교훈이 바로 이것이다. 하나님의 영을 떠나서는 아무것도 성취하지 못한다. 피니가 한 모든 것은 성령의 능력으로 된 것이다. 이반 로버츠와 존 웨슬리가 성취한 것도 모두 하나님의 영이 특별하게 나타나신 결과다. 영원한 가치가 있는 것은 모두 성령의 역사인 것이다.

2. 역사하는 기도의 능력은 모든 악조건을 변화시킨다

전도 사역을 하다 보면, 종종 상황이 지극히 불리한 경우를 만나게 된다. 일이 제대로 되지 않을 때도 많고, 일마다 전부 뒤틀려 무엇 하나 제대로 되는 것 같지 않을 때도 있다. 사람들이 잘 협력하지 않을 뿐더러 반대 세력은 왜 그리 많은지! 집회에는 이상한 분위기가 감돈다. 집회가 기대한 대로 될 것 같지 않고, 집회장에 나가보니 도대체 어떻게 해야 좋을지 난감하다. 이 사람, 저 사람에게 말을 해보고 분위기를 바꾸려고 시도하지만 좀처럼 뜻대로 되지 않는다.

우리가 배워야 할 둘째 교훈은, 전도자는 이런 일에 대비되어 있어야 한다는 것이다. 이런 악조건은 믿는 자의 간절한 기도로 넉넉히 바뀔 수 있다. 전도 사역에서는 어떻게 하나님께 간절히 매달리는가를 기도 가운데 배워야 한다.

피니는 그것을 알고 있었다. 그는 일이 잘 안 될 때면 조용히 숲으로 들어가 여러 시간씩 하나님 앞에 자기 마음을 쏟아놓았다. 내쉬는 찬송 인도자가 아니라 기도의 용사로서 늘 그를 도왔다. 피니가 설교할 때 내쉬는 기도했다. 감당하기 어려운 문제에 봉착하면 피니는 언제나 기도했다. 아무리 어려운 문제도 기도로 해결되지 않는 것이 없음을 알았기 때문이다.

피니처럼 하나님과 씨름하는 법, 한밤에 무릎을 꿇고 기도하는 법을 배운다면, 모든 어려움을 이기는 승리를 배울 수 있다. 이 비밀을 잘 알고 있었던 초기 감리교도들도 종종 고요한 곳을 찾아 그곳에서 기도했다. 여러 시간 하나님과 씨름하며 기도해서 결국 그 악조건이 변화되는 것을 보았다. 우리도 하나님의 제단 뿔을 붙잡고 기도하여 주변에 있는 모든 악한 상황이 변하는 것을 경험하는 응답을 받자.

3. 하나님 뜻에 온전히 순종하는 것이 성공의 전제조건이다

피니의 삶에서 우리의 관심을 집중시키는 것 하나는 하나님께 대한 명백한 순종이다. 일상생활의 사소한 부분까지 피니는 하나님의 뜻을 배우고 그대로 행했다. 그가 나중에 아내가 될 여인을 만나러 가던 때 이야기다. 한참 가다가 말에게 편자를 대기 위해 도중에 잠시 멈췄는데, 말의 편자를 대는 동안 피니는 근처에 있는 교회에 들어가 복음을 전하게 되었다. 사람들이 모여들어 그가 설교를 시작하자 곧 부흥이 왔다. 하나님의 영이 회중 가운데 강하게 임한 것이다. 많은 사람이 통곡하면서 갈보리 언덕으로 올라갔다. 얼마 지나지 않아서 온 동네가 떠들썩하게 흔들렸다.

주민들은 피니에게 하룻밤 더 머물면서 설교해 달라고 청했다. 그렇게 했더니 부흥이 강하게 일어났다. 그 다음 날에도 또 머물기를 간청하여 셋째 날 밤에도 설교했는데 여러 사람이 구원받고 큰 찔림을 받아 부흥이 지속되었다. 그 역사가 매우 강력했기 때문에, 피니는 여러 날 머물면서 계속 설교했다. 결국 계속 여행할 수 없음을 인식한 피니는 다른 사람을 시켜 신부될 사람을 만나게 하고 설교를 계속했다. 그 부흥은 6개월 동안이나 계속되었다고 한다. 피니는 그 일을 도외시하지 않고 하나님의 영께 철저히 순종했다. 그는 먼저 할 일을 한 것이다. 약속한 여인은 후에라도 만날 수 있지만 하나님의 일은 지체될 수 없음을 깊이 깨달은 것이다.

우리 가운데 그렇게 할 수 있는 사람이 얼마나 될까? 자신이 세운 계획을 기꺼이 내려놓고, 하나님의 영께 즐겁게 순종할 사람이 얼마나 될까? 하나님께 순종하기 위해 자기의 중요한 약혼을 과감히 깨뜨릴 수 있는 사람을 오늘날에도 찾아볼 수 있을까? 피니가 많은 부흥을 경험한 것은 오히려 당연한 일이다. 그는 하나님께 완전히 팔린 몸이었다. 그의 삶에서는 언제나 하나님의 일이 우선이었다. 그는 모든 면에서 하나님께 순종했고, 그렇기 때문에 하나님은 그분의 영광과 명예를 위해 피니를 크게 쓰신 것이다.

혹시 하나님이 지금 그 죄에서 떠나 잘못된 곳에서 즉각 돌아서라고 말씀하시는 사람이 있을지도 모른다. 하나님은 순종을 요구하시되 즉각적인 순종을 바라신다. 어떻게 할 것인가? 순종하고 있는가? 하나님의 뜻을 행하며 사는가? 하나님이 돌아서라면 곧 돌아서는가? 하나님이 우리에게 밝히 보이시는 뜻을 실제로 행하는가? 시시때때로 하나님의 뜻 가운데 있는가? 그렇지 않으면 자신의 성향대로 따라가는가? 성령의 음성 듣기를 거절하지는 않는가? 하나님이 원하시는 만큼 우리를 사용하지 못하시는 데에는 반드시 이유가 있다. 즉각적인 순종이 필요한 것이다.

4. 시기와 반대가 없으면 큰 결과를 얻지 못한다

배우기 어려운 교훈이지만 이것도 배워야 한다. 젊은 전도자들은 대부분 아무 반대 없이 사람들이 그들의 사역을 환영하며 처음부터 성공할 것이라는 생각으로 일을 시작한다. 그러나 얼마 지나지 않아 깨닫는 사실이 있다. 바로 사역이 성공하려면 시기와 반대도 반드시 있다는 것이다. 그 일을 시기하는 사람은 물론 반대하는 사람도 있다는 것을 예상해야 한다.

모든 사람이 우리를 칭찬하고, 모든 그리스도인이 격려해 주며, 모든 목회자가 좋은 평가를 하면서 최선을 다해 협력해 줄 것이라고는 생각지 말라. 아무 문제도 없을 것이라고 장담할 수 없다. 오히려 생애를 건 사역을 시작하는 마당에 시기와 반대를 직면하리라는 것은 당연하다. 협력해 주지 않는 사람도 많을 것이다. 오히려 우리를 실망시키며 일을 더 어렵게 만드는 사람들도 있을 것이다.

사역을 크게 성취하지 못한다면, 우리를 번거롭게 할 사람도 많지 않을 것이다. 그렇지만 성공적으로 사역하기 시작하고 많은 열매가 나타나고 사람이 많이 모이면, 어느새 주위에는 시기하는 사람이 나타난다. 다른 사람이 해내지 못한 것을 해내고, 다른 사람이 세우지 못한 것을 세우고, 아무도 할 수 없던 일에 좋은 결과를 맺어 주위 사람들보다 큰 성과를 얻으면, 곧 가장 심각한 반대 세력에 직면하는 것이 일반적이다. 사방에서 질투하고 시기한다.

더 놀라운 것은 그런 반대가 세상에서 오는 것이 아니라는 사실이다. 예수 그리스도를 모르는 사람들이 반대하는 것이라면 오히려 당연할 것이다. 그러나 종종 우리 일에 협력하고 되도록 격려해 주어야 할 기독교 지도자와 사역자들이 반대하는 것을 보게 된다.

이럴 때 전도자들은 대부분 전부 포기하고 싶어한다. 그렇지만 미리 그런 상황을 예측하고 있었다면, 실제로 그런 일을 직면해도 놀라지 않을 것이다. 다시 말하지만 하나님이 다른 사람과 달리 특별하게 사용하시고자 하고 다른 사람이 못하는 일을 하게 하실 때에는 사방에서 여러 시기와 반대가 있을 것을 언제나 예측해야 한다. 역사를 봐도 늘 그러했다.

피니의 경우는 어떠한가? 그도 비판받은 적이 있는가? 시기와 반대에 부딪친 적이 있는가? 참으로 놀라운 일은 세월이 지나면 그 모든 반대와 비난, 시기와 실패는 대부분 망각된다는 것이다. 그런 것들은 별로 기록되지 않는다. 위대한 사람의 생애를 읽노라면, 대부분 그의 성공과 승리를 다루고 있어서 항상 용기를 얻게 된다. 다른 면이 기록되는 일은 극히 드물다. 그러나 피니도 하나님께 쓰임받은 많은 사람이 경험한 것처럼 많은 반대에 직면했다. 그것도 지독하게 악질적인 반대였다. 사방에서 중상모략을 받았는데, 특히 당시 교회의 가장 유명한 지도자들에게 반대를 받았다. 그들은 피니의 성공을 매우 질투했다. 피니는 여러 해 동안 유니테리언 교역자들과 싸웠으며, 그 갈등이 극심한 나머지 놀라운 전도 사역의 성공에도 늘 폭풍 가운데 살아야 했다.

피니가 살던 당시, 유능한 교회 지도자 중 한 사람인 라이먼 비처Lyman Beecher 박사는 피니를 쓰러뜨리려고 갖은 노력을 다하였다. 피니가 보스턴에 도착하기 직전, 비처가 메시지를 보냈는데 그 내용을 간추리면 이렇다. "당신이 보스턴에 불을 가져오려고 시도하면, 국경까지 나가 모든 포병을 소집해 놓고 보스턴에 한 발짝도 들여놓지 못하도록 투쟁할 것이며, 거기서 직접 대면하겠다." 이보다 더 사악한 일이 있는가? 그런데 피니는 어떻게 했는가? 무엇이라고 대답했는가? 이럴 때에는 어떻게 말해야 하는가? 그는 한 마디도 하지 않고 늘 하던 대로 했다. 조용히 숲 속으로 들어가 하나님과 만난 것이다. 그는 기도 가운데 씨름했다. 주님께 모든 사정을 말씀드렸고, 하나님은 그에게 큰 승리를 주셨다.

우리도 이렇게 해야 한다. 어떤 편지를 받든, 어떤 난감한 어려움에 봉착하든, 그것을 하나님께 기도로 올려드리라. 주님 앞에 다 펼쳐놓으라. 하나님이 당신을 위해 대신 싸워주실 것이다. 우리는 하나님께 모든 것을 맡기면 된다. 그렇지만 우리 스스로가 그 싸움을 하려고 들면, 하나님도 그대로 보고 계실 것이다. 결국 우리는 승리가 아니라 쓰디쓴 패배를 경험할 것이다. 이제 기도하는 법을 배우자. 스스로 답변하려고 하지 말자. "원수 갚는 것이 내게 있으니 내가 갚으리라고 주께서 말씀하시니라"(롬 12:19). 시기도 반대도 기도로 이길 수 있다.

하나님은 히스기야를 위해서 그렇게 하셨다. 그도 반대에 부딪쳤다. 히스기야 역시 편지 한 장을 받았는데, 그것을 여호와 앞에 갖다 놓았더니 여호와께서 그를 구원하셨다. 하나님의 뜻 가운데 있는 것이 확실하다면 조금도 염려하지 말라. 반대 세력을 걱정하지 말라. 시기하는 사람들을 주시하지 말라. 계속 주님을 섬기라. 그러면 하나님이 앞길을 정리해 주신다. 하나님이 그분의 때에 영광스럽게 옹호하시고, 하나님께 그 싸움을 맡기는 것이 고귀하다는 사실을 알게 될 것이다.

이런 것이 우리가 종종 당할 수 있는 반대이자 핍박이다. 우리는 기둥에 묶여 화형당하지 않는다. 순교해야 하는 고난도 드물다. 사실 육체적인 상처를 입는 일은 거의 없다. 우리가 당하는 반대란, 비난과 중상, 시기와 질투 같은 것이다.

여러 해 동안 내가 좌우명으로 삼고 살아온 말이 있다. "무공무방"No Attack, No Defence. 이 네 글자가 나를 잘 이끌어주었다. 이 좌우명을 다른 전도자들에게 보여주었더니, 그들도 좌우명으로 삼았다. 그것이 효과가 있음을 배운 것이다. 나는 아무에게도 개인적인 공격을 가한 적이 없으며, 혹 공격을 받을 때에도 스스로 방어한 적이 없다. 어떤 일이든지 완전히 하나님께 맡겼다. 하나님은 우리가 다른 사람을 공격하거나 자신을 방어해야 한다고 가르쳐주시지 않는다. 그분이 모든 긴급한 일을 해결하실 수 있다. "할 수 있거든 너희로서는 모든 사람과 더불어 화목하라"(롬 12:18). 그렇게 한다면 하나님이 우리를 쓰실 것이요, 우리 주위에 어떤 시기와 반대가 있어도 두려워하지 않아도 된다. "하나님이 내 방어가 되신다!"

얼마나 놀라운 방어인가! 왜 그분의 손에 맡기지 못하는가? 자신을 변명하려 애쓰고 자기 힘으로 싸우려 들면, 하나님도 그대로 우리에게 맡겨두실 수밖에 없다. 그렇지만 하나님이 우리를 방어하시도록 의탁하면, 우리는 절대로 실패하지 않으시는 그분을 의지하여 방어하는 것이다. 그렇기에 내 좌우명은 "무공무방"이다.

무디와 생키도 같은 경험을 했다. 영국에 갈 때 그들은 사방에서 저항을 받았다. 일간 신문들은 그들을 조소하고 비웃었다. 심지어 신문 만평에 우습게 그려 넣기도 했다. 어느 곳에 가든지 심한 반대를 받았지만 하나님이 그들을 견고하게 방어하셨기 때문에, 그 지역에서 수많은 사람이 주 예수 그리스도께 돌아왔다. 그들은 오늘날까지도 칭송을 얻고 있다.

사도 바울도 이 반대가 무엇인지 알았다. 그는 여러 곳에서 소란을 겪었다. 가는 곳마다 사람들이 반대했으나, 그럼에도 하나님은 그를 구하셨다. 마찬가지로 우리도 구함을 받을 수는 있으나 반대를 당할 것이며, 또 그런 것을 예상해야 한다. 그러므로 결코 실망하지 말라. 시기와 반대가 있을 것이며, 그것도 그리스도인에게서 올 수 있다는 것을 예상해야 한다.

5. 상한 마음이 계속될 때 지속적으로 부흥한다

이제 우리는 그 비결을 알았다. 하나님을 위해 늘 불타는 마음을 갖고 싶은가? 계속적인 성령의 부으심을 바라는가? 주님 일에 늘 쓰이기를 간절히 소원하는가? 하나님의 능력으로 불붙은 사람이 되기 원하는가?

마음속에 끊임없는 부흥이 일어나 결코 처음 사랑과 처음 열정을 잃지 않고자 하는가? 하나님을 향해 불타오르기를 바라서 기도하며, 늘 다른 사람들의 영혼을 염려하는 그리스도인인가? 그렇다면 여기에 그 비밀이 있다. 늘 상한 마음이 있는 곳에는 지속적인 부흥이 가능하다.

이제 한 가지 질문을 하겠다. 피니는 어떻게 지속적인 부흥을 성취할 수 있었는가? 그는 마지막 운명하는 날까지 부흥사로 일생을 지냈다. 그는 언제나 구령 사역을 수행했다. 또한 영혼들을 사랑하는 마음을 잃지 않았다. 어떻게 그런 사역을 지속할 수 있었는가?

평생 동안 피니는 날마다 하나님과 고요히 보내는 시간을 작정하고 말씀을 상고하며 기도하는 시간을 가졌다. 주님과 만나지 않고는 하루도 그냥 지내지 않았다. 그것이 해답이다.

내 경우 반세기 동안 매일 아침에 "아침 파수 시간"을 준수했다. 하나님과 만나지 않은 채 그냥 일터에 나간다는 것은 생각해 본 적도 없다. 아침이면 언제나 서재에 들어가 주님을 앙망했다. 우선 성경을 펼쳐 그날 읽을 말씀을 보고 기도와 간구의 시간을 가진다. 사람을 만나기 전에 먼저 하나님을 만난다. 그러면 하나님은 내가 어떤 문제에 봉착하기도 전에 그것들을 해결해 주신다. 내게는 이 아침 시간이 세상 무엇보다 가치 있는 시간이다. 그 시간이 없다면 내 사역은 약하고 무기력해지며 효과를 거두지 못할 것이다.

하나님과 만나는 시간을 갖고 있는가? 하나님과 단 둘이 만나는 장소가 있는가? 구원받은 이후로 거룩한 말씀을 펴서 공부하지 않고 하루를 그대로 보낸 적이 있는가? 기도와 간구로 하나님 앞에 온 마음을 쏟아놓지 않고 단 하루라도 그냥 지낸 일이 있는가?

하나님이 주신 영성을 지속하고 마음속에 끊임없는 부흥을 경험하기 원한다면 날마다 주 예수 그리스도를 만나는 법을 배워야 한다. 광야에서 날마다 만나를 거둬들여야 하던 것을 기억하라. 우리도 날마다 양식을 받아먹어야 한다. 그렇지 못하면 하나님 일에 아무 보탬이 되지 못할 것이다.

피니도 한때 신앙이 냉랭해져서 마음까지 싸늘해졌다는 것을 깨달은 적이 있다. 그럴 때에는 언제나 시간을 따로 내서 기도했다. 한번은 겨울 내내 신문은 물론 다른 아무 책도 읽지 않고 모든 것을 제쳐놓은 채 거룩한 말씀을 묵상하고 기도하면서 부흥의 불을 잃지 않으려고 애썼다. 그는 마음속에 언제나 부흥의 정신이 타오르기를 원했고, 그렇기 때문에 그런 생활을 한 것이다.

그가 여러 번 간증했듯이, 특히 기도할 때와 거룩한 말씀을 묵상할 때 하나님의 영이 늘 새롭게 임했다. 하나님의 능력이 자주 그 위에 임하여, 그의 마음이 뜨거워지고 다시 한 번 불이 붙은 것이다. 그 다음에 부흥 집회를 인도하면, 사람들이 죄를 깊이 깨달아 많은 사람이 회심하는 역사를 본 것이다.

사역에서 가장 위험한 것 중 하나는 젊었을 때 지닌 하나님의 능력을 세월이 지나면서 모두 상실하는 것이다. 한때는 불이 붙어 부흥에도 큰 관심을 보이지만, 이제는 그 불길이 꺼져 모두 도외시하게 된 사람이 적지 않다. 편안한 자기 교회에 안주하여 많은 사례금을 받고, 호화로운 생활을 즐기며, 모든 일을 원만하게 처리하면서 영혼에 대해 전혀 부담을 느끼지 않는 경우가 비일비재하다. 영혼에 대한 열정도 사라지고 그저 기계적인 사람이 되기 쉽다. 젊을 때에는 불이 붙었는데 세월이 지나고 나이가 들면서 식어간다면, 그것은 절대로 바람직한 경험이 못 된다. 부흥의 정신을 지속하는 유일한 방법은 늘 상한 마음을 유지하는 것이다.

6. 전도는 교회에서 영과 육을 축복하는 비결이다

토론토에 있는 얼라이언즈 태버너클과 피플즈 교회는 모두 전도로 세워진 교회다. 집회할 때마다 기금으로 돈을 모았다. 전부 비용으로 쓰거나 전도자와 관련 부서를 위해 다 써버리는 것이 아니라, 얼마 정도는 언제나 교회를 위해 남겨두었다. 그래서 사역이 번창하고 물질적으로나 영적으로 모두 큰 축복을 받았다.

재정적으로 축복이 없다면 어딘가 운영에 잘못이 있는 것이다. 모든 장비를 갖춘 대강당을 빌리는 데 많은 돈을 지불하는 것도 어떤 대가가 있기 때문이다. 그렇지 않다면 투자할 가치가 없다. 전도 운동을 위한 계획과 수고, 사례금도 없이 사역자를 훈련하는 데에만 애쓰는 목회자는 전도 운동이 교회를 영적으로뿐 아니라 물질적으로도 훨씬 나아지게 한다는 것을 알아야 한다.

물질적 축복에 관해서 하나님은 그분의 뜻을 잘 보여주신다.

> 사랑하는 자여 네 영혼이 잘됨같이 네가 범사에 잘되고 강건하기를 내가 간구하노라(요삼 1:2).

영적, 신체적, 물질적 번성은 늘 같이 다닌다. 물론 예외도 있겠으나 그 역시 하나님의 지고至高의 뜻이다. 집회는 교회에 신앙의 축복뿐 아니라 재정적 축복도 가져온다. 이 두 가지는 결코 나눠지지 않는다.

이 여섯 가지가 전도와 부흥을 통해 우리가 배울 수 있는 교훈이다. 설명한 대로 각 내용은 지극히 중요하다. 이 교훈들을 잘 배우지 못하면 우리가 부흥 사역에 관해 읽고 본다 해도, 별다른 유익을 얻지 못한다. 다시 한 번 정리해 보자. 하나님의 영이 나타나지 않는다면 성취도가 낮으며, 모든 악조건은 역사하는 기도의 능력으로 언제나 변화할 수 있고, 하나님 뜻에 완전히 순종하는 것이 성공의 전제 조건이다. 또한 시기와 반대가 없으면 큰 결과를 얻을 수 없고, 마음이 상하고 깨어져야 지속적인 부흥이 있으며, 끝으로 전도는 교회에 영적 축복뿐 아니라 물질적 축복도 가져오는 비결이다.

> 내 이름으로 일컫는 내 백성이 그들의 악한 길에서 떠나 스스로 낮추고 기도하여 내 얼굴을 찾으면 내가 하늘에서 듣고 그들의 죄를 사하고 그들의 땅을 고칠지라(대하 7:14).

구원의 열정

3부

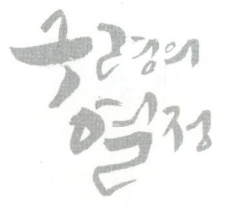

오스왈드 스미스의 부흥 일기

20장

부흥을 갈망하는 마음

내가 데일 장로교회에서 시무할 때 하나님이 어떻게 역사하셨는지를 말하려면 내 일기를 소개하는 것이 가장 좋을 것이다. 지면이 제한되어 다 소개하기는 어렵다. 그래서 여기저기서 부분으로 발췌했는데, 그것으로도 부흥을 갈망하는 마음을 넉넉히 자극할 수 있을 것이다.

토론토, 1917년 8월 16일

오랫동안 기도해 오던 부흥이 임하고 말았다. 오늘 아침에는 하나님이 내 마음을 완전히 녹이셨다! 기도가 얼마나 달콤했는지! 주님을 찬양한다! 성령의 각성과 성령의 열매! 그것만이 현재와 영원이라는 시간의 테스트를 통과할 수 있다. 하나님이 기이한 방법으로 내 마음을 감동시키셨다. 주님이 내게 얼마나 고귀한 분인지! 깊은 각성, 곧 옛날식의 죄에 대한 각성이다!

이런 좋은 책을 주신 하나님께 감사한다! 내게 정말 큰 도움이 되었다! 내 설교에 혁신이 왔다. 시간마다 그것들을 읽었다. 내 생애에 전에는 그렇게 해본 적이 없었다. 조셉 얼라인Joseph Alleine의 『천국에의 초대』A Sure Guide to Heaven, 생명의말씀사, 존 제임스John James의 『구원을 갈망하는 사람』The Anxious Inquirer After Salvation, 리처드 백스터의 『회심에의 부르심』A Call to the Unconverted 등이다. 이 책들은 죄와 구원, 천국과 지옥에 관해 분명하고도 확실한 메시지를 전해 주고 있다.

그렇지만 이런 진리가 선포되어도 성령의 능력이 없다면 좋은 결과를 얻지 못한다는 것을 깨달았다. 주님이 마음을 찌르셔야 한다.

> 만군의 여호와께서 말씀하시되 이는 힘으로 되지 아니하며 능력으로 되지 아니하고 오직 나의 영으로 되느니라(슥 4:6).

아마 이것이 실패 요인인 것 같다. 진지하고 열정적으로 진리를 전파했지만 아무런 열매가 없다. 무슨 일이 생긴 것인가? 성령의 능력이 없는 것이다.

오늘 아침 기도 시간에는 리처드 트레프리Richard Treffry가 쓴 『존 스미스의 회고록』Memoirs of John Smith을 읽었는데, 그 책 때문에 기도하게 되었다. 한동안 하나님이 자유함을 주시어 한 시간 남짓 기도했다. 왜 시간이 지나가는 것을 의식하지 못했는지 모르겠다. 처음에는 하나님이 자백하게 하셨다. 나란 인간은 얼마나 자주 넘어지는지! 몇 시간 기도해야 할 때에도 잠깐밖에 무릎 꿇지 못해서 제대로 기도하지 못했다. 성경 공부도 내가 해야 할 만큼 하지 못하고 있음을 알았다. 사탄에게 시간을 많이 내주어, 내 마음을 점령하게 하고 하나님을 밀어내게 했음을 알았다. 봉사에서도 안 믿는 사람에게 전도지를 건네주지 못하고, 개인적으로 구원에 관해 언급하지도 못하는 실패자가 되었다. 몹시 비참하게 실패했다. 그래도 진실하며 성실하고 싶다. 주님이 우실 때에도 내 눈에는 눈물이 말라버렸으니, 이런 나 자신의 영혼을 위해 하나님께 간구한다.

그러나 주님께 영광을 돌린다. 내가 그리스도를 위해 모든 것을 잃어버리는 더 깊은 차원의 경험을 주시려고, 나를 인도하고 계신다는 것을 믿는다. 그리하여 나는 고난당하고, 희생하며, 기도하고, 성경을 공부하며, 이전보다 더 잘 섬기게 될 것이다. 그때 내가 갈망하던 부흥을 보게 될 것이다. 주님이 성령을 부으실 것이며 사람들이 회개하고 구원받을 것이다. "하나님이여 기도를 들으시고 응답하소서!" 다시는 실패하지 않아야 한다. 앞으로 계속 나아가도록 하나님, 도우소서.

8월 25일

오늘 아침, 성경을 읽다가 갑자기 다음 구절을 주시해 보게 되었다. "헤롯이 요한을 의롭고 거룩한 사람으로 알고 두려워하여……"(막 6:20). 거룩한 삶의 위력! 사악한 사람들은 거룩함이 있는 곳을 두려워한다. 하나님이여, 이것이 제게 자극이 되게 하소서!

성령의 능력으로 설교할 때 깨달음이 오게 하는 구절을 뽑을 의도에서 신약성경을 통독하고 있다. 하나님은 죄와 구원, 천국과 지옥에 관한 말씀들을 주신다. 사무엘 스티븐스과 함께 한 시간 동안 기도했는데, 교제가 좋았다. 더 알고 더 경험하고 싶다. 하나님이 깨닫도록 역사하셔서 많은 사람이 눈물을 뿌리며 십자가로 나아오지 않는다면 결코 만족할 수가 없다.

8월 26일

오늘 아침에는 "할 수 있거든이 무슨 말이냐 믿는 자에게는 능히 하지 못할 일이 없느니라"(막 9:23), "기도 외에 다른 것으로는 이런 종류가 나갈 수 없느니라"(막 9:29)라는 메시지를 받았다. 좋은 결과를 얻으려면 기도와 믿음이 모두 필요하다. 사탄의 세력은 사람의 마음속에서 다 깨어질 것이며 성령께서 열매를 맺으실 것이다. "주여, 내가 믿나이다. 나의 믿음 없는 것을 도와주소서."

오늘 저녁에는 내 서재에 세 사람이 모였다. 다른 사람들도 오기를 기대했지만 오지 않았다. 한 시간 가량 그들과 이야기를 나누었다. 많은 동정과 협력을 받았지만, 성령의 열매와 성령의 부으심에 관해 전혀 알지 못했다. 우리가 좀 더 지혜롭게 기도하는 문제를 놓고 이야기하려고 다른 사람들과 계속 접촉하기로 결단했다. 집에 올 때는 아주 즐거웠다. 하나님이 사람들의 마음을 움직여 기도에 응답하실 것을 확실히 믿는다.

8월 31일

오늘 밤 교회에서 성경공부를 하기 위해 8명이 모여 대화하고 기도하며 10시까지 교제했다. 주의 성령께서 그들의 눈을 뜨게 하시어, 그들이 책임을 느끼도록 깊이 기도했다. 하나님이 그들을 선택하셨다면 나와 같이 남을 것이요, 만일 그렇지 않다면 나 혼자라도 계속해야 한다. 구역 기도회를 시작하기로 작정하고 우선 한 주일에 한 번씩 열기로 했다. 끝으로 다음 구절을 읽고 함께 기도했다. "내 이름으로 일컫는 내 백성이 그들의 악한 길에서 떠나 스스로 낮추고 기도하여 내 얼굴을 찾으면 내가 하늘에서 듣고 그들의 죄를 사하고 그들의 땅을 고칠지라"(대하 7:14). 사무엘 스티븐슨도 함께 참석했다.

9월 2일

오늘 밤, 설교를 했다. 자유함은 있었지만 능력이 없었다. 사람들이 상당히 긴장해 있었다. 고통하며 안타까워하는 영혼이 있는지 둘러보았지만, 별로 그런 것 같지 않았다. 눈물이 말라 있다. 죄에 대한 깨달음이 없어 보였다. 위로부터 능력을 받지 못한 것이 분명하다. 능력을 받았다면 성령의 열매가 나타났을 텐데…….

9월 7일

"…… 우리들이 밤이 새도록 수고하였으되 잡은 것이 없지마는 ……"(눅 5:1-11). 그렇지만 주님의 명령에 따라 그물을 내리니 "고기를 잡은 것이 심히 많았다." 이것이 내 경험인가? 또는 내가 성령이 아닌 육신적인 방법으로 애쓰고 있는가? 사실 나도 "밤이 새도록 수고하였으되 얻은 것이 없었다." 사람들이 두려워하지 않고, 마음에 고통을 느끼거나 상한 마음으로 돌아가지 않는 것은 모두 내 잘못이다.

내가 책망을 받아야 한다. 그 영혼들을 위해 고통하며 진통한다면 좋은 결과가 나올 텐데 나는 그렇지 못하다. 무릎을 꿇고 머리를 파묻은 채 능력이 임하고 하나님이 나타내 보이시기를 기도드렸다. 거의 오후 내내 기도했다. 그런데도 자유함이 없다. 하늘이 쇠문처럼 닫힌 것만 같았다.

9월 9일

"우리는 오로지 기도하는 일과 말씀 사역에 힘쓰리라"(행 6:4). 또 한 번 나는 성령이 아닌 육신의 힘으로 설교한 것이 틀림없다. 그래도 긍휼의 하나님이 자유를 주셨고, 능력을 조금 경험했으며, 사람들이 깨닫는 것 같았다. 사람들은 잘 들었고 집회 후에도 한참 동안 대화했다. 그런데도 별다른 일이 일어나지 않았다. 아무도 통회하는 사람이 없었다. 영혼의 갈등이 보이지 않았다. 아무도 안타까워하지 않고 눈물도 없다. 하나님의 능력을 갈구한다!(눅 24:49, 행 1:8, 슥 4:6, 요 6:63)

주님이 나를 세우셨기 때문에 나는 열매를 맺어야 하며, 그 열매들이 늘 내게 남아 있어야 한다(요 15:16). 그런데 나는 아무것도 못하고 있는 실정이다. 열매가 거의 없다. 또다시 무릎을 꿇을 수밖에 없다. 여러 시간 동안 하나님을 앙망한 것 같다. 대가를 치러야 한다. 성령이 내게 임하고 충만하다면 열매로 알게 될 것이다. 이런 것이 결여되어 있으니 마음이 쉴 수가 없다.

9월 11일

하나님께 영광! 결국 감동이 있었다. 오늘 밤 구역 기도회에서 생긴 일이다. 처음에는 예배가 냉랭하고 사람들은 반응을 보이지 않았다. 역사하는 기도에 관한 설교를 마쳤다. 그런데 집회가 끝나자마자 한 부인이 갑자기 큰소리로 "저를 위해 기도해 주세요. 저는 교인입니다" 하며 말하는 것이었다. 그러고는 눈물을 펑펑 쏟으며 온몸이 젖도록 울었다. 그만두게 할 수도, 뭐라고 말할 수도 없었다. 심장이 터질 듯 큰소리로 통곡했다. 우리는 모두 바닥에 내려앉아 무릎을 꿇고 한 사람씩 돌아가며 기도했다. 그러고 나서 "큰 죄에 빠진 날 위해"라는 찬송을 불렀는데 그로부터 약 15-20분이 지난 뒤, 부인은 놀랍게 구원받았다. 주의 이름을 찬양한다!

우리 마음은 기쁨에 넘쳤다. 말할 수도 없을 정도였다. 집에 돌아오는 길에도 좀처럼 나 자신을 주체할 수가 없었다. 두 번 집회를 가졌는데 하나님이 임하셨다. 기도가 응답되었다. 성령께서 역사하기 시작하시어 처음엔 한 영혼이 통회하였다. 교인이지만 구원받지 못한 것이다! 그런 처지에 놓인 교인이 얼마나 많을까!

9월 12일

하나님이 확실히 역사하고 계신다. 오늘 밤에는 죄를 깨달은 한 젊은 여자가 일어나서는 전날 직장에서 구원을 받았다고 간증했다. 그리고 오늘 아침에 구원의 확신을 받았다고 했다. 주님을 찬양한다. 하나님이 또 기도에 응답하신 것이다. 일주일 동안 다른 일은 거의 하지 않고 내내 기도만 했다고 한다. 이제 하나님의 능력으로 두 사람이 우리 안에 들어오게 되었다. 이것을 위해 그동안 기도해 왔다. 성령께서 강력하게 역사하시어 죄를 깨닫게 하시면, 영혼들은 결신 초청이 없어도 긍휼을 구하며 울부짖을 것이다. 하나님은 그분의 인印을 치시고 그분의 진리를 영화롭게 하셨다.

9월 16일

오늘 밤에도 설교했는데 놀라운 자유함과 능력이 나타났다. 사람들이 경청했다. 여러 사람의 눈에 눈물이 고였는데 강력한 역사는 없었다. 그렇지만 마음 깊이 확신할 수 있는 것은 하나님이 그분의 종을 예비시킨다는 것과, 다른 사람들을 회심케 하는 능력을 나타내실 것이라는 점이다. 이번 주에는 지난주보다 더 시간을 내어 기도해야겠다.

9월 18일

구역 기도회에 능력이 있다. 집에 사람들이 가득 찼고 기도가 열렬했다. 하나님 앞에서 갈급해하는 사람이 많았다. 밤 10시까지 집회를 계속했는데 눈에 보이는 변화는 없었다. 어떤 대가를 치르고라도 하나님의 능력을 경험해야 한다. 하나님, 내 마음을 깨뜨리시고 영혼 구원을 위해 눈물 흘리게 해주소서!

9월 19일

오늘 밤에도 또 한 번의 역사가 있었다. 신앙을 버린 여인이 집회에 와서 기도하는데, 갑자기 거꾸러져 죄를 통회하면서 통곡하기 시작했다. 그 부인은 상한 마음으로 애통해하면서 간절히 기도했다. 주님께 감사한다. 놀라운 효과가 나타났다. 그런데 아직은 만족할 수 없는 정도다.

대단히 심한 갈등에 싸여 있던 한 여인이, 오늘 밤 자기가 훔친 물건을 고백해도 되겠느냐고 물었다. 하나님이 역사하고 계신다.

9월 21일

오늘 아침에는 크게 좌절한 어떤 사람의 편지를 받고 곧장 달려가 보았다. 그 여인은 고통 가운데 울고 있었다. 기도했는데 하나님이 그 여인을 놀랍게 만나주셨고, 집을 떠나올 때에는 그 얼굴에 기쁨이 가득한 것을 볼 수 있었다. 하나님이 그 여인에게 역사하시는 것이 확실하다. 주의 이름을 찬양한다! 더욱 기도의 필요성을 절감한다.

9월 22일

제임스 코휘James Caughey가 쓴 『구령의 인생 교훈』Glimpses of Life in Soul-Winning을 방금 다 읽었다. 그 열정, 그 헌신, 심혈을 기울이는 진지함, 그리고 구원받은 그 많은 사람의 영혼……! 여러 달 동안 기도 가운데 싸운 뒤 드디어 거둔 거대한 승리! 만일 나도 필요한 모든 대가를 기꺼이 치른다면, 이 세상은 물론 지옥도 부흥을 막을 능력이 없을 것이라고 믿는다.

9월 24일

가까운 의사 친구인 랄프 후퍼 박사를 방문하고 몇 시간 정도 함께 기도했다. 지난 밤 집회는 크게 실망했다. 자유함도, 능력도, 설교의 용기도 없었다. 만사가 어렵다. 기도도 장난하고 있는 것처럼 느껴진다. 중보하는 기도를 더 많이 해야겠다. 스티븐슨도 함께했다.

9월 25일

오늘 아침, 우리 셋이 함께 모여 몇 시간 동안 기도했다. 큰 은혜를 받았다. 그런데 오늘 밤 기도회에서는 별로 감동이 없었던 것 같다. 두세 사람이 자백했고, 한 청년은 울면서 기도했다.

요엘 2장 18절과 28–29절 말씀에 큰 감동을 받았다. 그 말씀에는 필요성, 방법, 결과가 나와 있다. 그런데 나는 도저히 할 수가 없다. 마음이 냉랭하고 강퍅하다. 울 줄도 모르고 애통해하지도 않는다. 주님, 제 마음을 녹이시고 깨뜨리시어 사람들 가운데 강하게 역사하소서! 예레미야 5장 14절에서 크고 귀한 약속을 발견하여 무릎을 꿇고 그 말씀대로 기도했다.

"볼찌어다 내가 네 입에 있는 나의 말을 불이 되게 하고 이 백성을 나무가 되게 하여 불사르리라." 하나님이 그렇게 하실 것을 믿는다.

9월 26일

오늘 밤에는 큰 역사가 있었다. 기도회는 냉랭하고 죽은 것 같았고 기도도 별로 하지 않았다. 나는 설교만 끝내고 집회를 마쳤다. 실망스러웠다. 그런데 한 부인이 울기 시작하는 것이었다. 그러자 다른 사람들도 울고, 결국 거의 3분의 1이 하나님의 능력으로 마음이 깨졌다. 모두 둘러앉아서 기도했다. 첫 두 사람이 흐느껴 우는데, 번갈아가며 자백하고 기도하면서 가슴이 터질 듯이 통회했다. 오, 정말 영광스러웠다. 하나님이 강력하게 역사하셨다. 첫날 밤에 강력하게 기도를 거절하던 한 고집 센 사람도 집회가 끝나도록 전혀 감동받은 기색을 보이지 않다가 거의 말을 못할 정도로 대성통곡했다. 모두가 하늘의 빛을 품고 만족스런 마음으로 귀가했다.

방금 일어난 상황으로 약 4분의 1이 죄를 깨달은 것 같다. 그 여자는 이미 잘 알려진 교인이다. 가볍게 악수한 다음, 하나님이 계속 역사하시도록 그 부인을 그대로 두는 것이 좋을 것 같아 혼자 가게 했다. 밖으로 나가는데 그 얼굴에 고통하는 기색이 역력하고 손끝이 떨리고 있었다. 하나님은 사람들에게 죄를 각성시키시고 회심시키는 놀라운 역사를 행하신다. 부흥이 시작되었다고 할 수 있을까?

10월 3일

다시 한 번 하나님께 영광 돌릴 일이 생겼다. 하나님이 그분의 임재와 능력을 또 보여주신 것이다. 또 한 사람이 깊이 찔림을 받고 구원받아 오늘 하나님 안에서 기뻐하는 것을 보았다. 6주 정도 걸린 것 같다. 이제 그 여인은 자유롭다. 하나님이 아주 선명하고도 지속적인 자유를 주신 것이다.

오늘 밤 집회에서 그 여인이 간증했는데 말로 표현할 수 없는 놀라운 평안을 발견했다. 그 모든 갈등이 참으로 가치 있는 것이라고 간증할 때는 한때 어둡던 그 얼굴에 하늘나라의 광채가 빛나고 있었다. 주님을 찬양한다! 역사하심이 진실한 것이라고 믿는다.

10월 4일

오늘 오후는 스티븐슨과 함께 기도하며 보냈다. 저녁 때는 후퍼 박사 집에 가서 밤 12시 15분 전까지 함께 기도했다. 하나님의 능력을 위해서다. 우리에게는 그분의 능력이 있어야 한다.

기도하고 있는데 기이하게도 하나님이 그분의 말씀을 우리에게 펼쳐 주셨다. 특히 요엘 2장을 읽고 나서는 무릎을 꿇고 기도했다. 눈물의 세례를 받은 것 같았다. 그리고 다니엘 9장을 읽었다. 우리는 말씀을 한 구절씩 읽으면서 주님 앞에서 기도했다. 사방에서 불신과 반대가 둘러싸고 있다. 하나님의 능력만이 그런 것들을 극복할 수 있다. "하나님을 믿으라." 온전히 주님께 파묻히고 싶다. 하나의 열정, 그리스도.

최근에 여러 사람에 관한 책을 읽었다. 로버트 맥체인, 조지 폭스George Fox, 빌리 브래이Billy Bray, 찰스 피니, 헨리 무어하우스Henry Moorhouse, 존 플레처John Fletcher, 조지 휘트필드, 데이비드 스토너, 헨리 마틴Henry Martyn, 존 웨슬리, 존 번연, 토머스 콜린즈, 제임스 코휘, 존 스미스, 데이비드 브레이너드……, 모두 놀라운 하나님의 사람들이다! 그 헌신과 열정, 경건함! 나도 이런 사람이 될 수 있을까? 윌리엄 브람웰은 참으로 놀라운 인물이다!

그런데 나는 어디 있는가. 하나님을 향해 불붙고 싶다! 온전히 그분을 위하여! 예수님만! 영혼들! 영혼들! 영혼들! 나는 영혼을 건지는 사람이 되기로 작정했다. 하나님이여! 도우소서.

10월 5일

다시 하나님께 감사한다. 또 한 사람이 회심했다. 이번에는 남자다. 오늘 밤에 내 서재에 들어오더니 지난 번 집회에서 죄를 깨달았다고 이야기하면서 자신이 가장 비참한 사람이었다고 간증했다. 그는 거듭 새로운 각오로 신앙생활을 시도하여 교인이 되었지만 구원받지 못했다는 것이다. 어제 그는 담배 파이프를 내동댕이쳤다. 함께 기도하고 예배를 드렸다. 집회가 끝날 때쯤 그는 내게 간증한 내용을 사람들 앞에서 나누었다. 눈물을 펑펑 쏟았지만 시원하게 해결되지는 않은 것 같았다. 집으로 돌아가 그를 위해 간절히 하나님께 빌며, 그가 빛을 보고 믿게 되기를 기도했다.

믿음은 확신을 준다. 하나님이 역사하신다. 많은 사람의 마음속에 깊은 깨달음이 역사하고 있었다. 놀라운 역사를 허락하소서! 마가복음

11장 22-24절, 요엘 1장 13, 14, 16절, 2장 1, 11-18, 25, 28-29절에서 오늘 가장 귀한 것들을 발견했다. 하나님 앞에서 한 사람씩 기도하게 했다.

10월 8일

대단히 강력한 반대 세력이 있었다. 몇몇 주요 공직자들이 공개적으로 집회를 거절했다. 세상 군대가 무장을 한 것이다. 사탄도 이런 일에 관심이 있다는 것을 보여주기 시작했다. 이 문제를 위해 기도하면서 하나님께 올려드렸다. 후퍼 박사, 사무엘 스티븐슨과 함께 저녁 8시경부터 새벽 1시 15분까지 간절히 기도했다.

10월 10일

기도의 사람인 후퍼 박사와 사무엘 스티븐슨과 함께 오늘은 하루 종일 주님을 기다렸다. 그 결과, 오늘 밤에는 훌륭한 집회를 할 수 있었다. 30분 넘게 여러 사람이 아름다운 간증을 했다. 그렇지만 더 많이 기도하기 위해 도중에 간증을 끊었다. 하나님이 역사하시면 죄를 깊이 깨닫게 된다. 삶이 변하고 풍성한 기쁨과 영광스런 자유를 누리는 영혼이 많아졌다.

10월 11일

하나님 말씀이 아주 고귀하게 느껴진다. 구약의 선지자들을 통해 하나님 말씀을 듣는다. 우리는 조금 읽고 나서 그 말씀이 우리의 경험 가운데 실현되기를 간구하는 기도를 드렸다.

"육으로 난 것은 육이요 영으로 난 것은 영이니"(요 3:6). 우리가 육신 가운데 일한다면 그 열매가 나타나되 영혼들은 거짓 경험을 할 수밖에 없을 것이다. 주여, 우리에게 성령의 열매를 주소서!

하나님의 말씀이 권하는 대로 우리는 기도의 방법을 사용했다. 온갖 방법을 다 써보고 오늘까지 여러 방법을 사용했지만 만족할 만한 결과를 전혀 얻지 못했다. 이제 우리 기도가 역사하지 않는다면, 우리는 비난의 대상이 되며 기도도 신용을 잃게 될 것이다. 실패해서는 안 된다. 계속해서 기도하며 말씀의 사역을 해야 한다. 우리의 삶이 다른 사람의 죄를 깨닫게 하지 못한다면 어딘가 잘못된 곳이 있음이 분명하다.

수로보니게 여인과 같은 믿음이 있어야 한다! 그 여인은 예수께서 "안 된다"고 하셨지만 그것 역시 기도 응답으로 알지 않았는가!(막 7:24-30)

10월 14일

오늘 아침과 저녁에는 자유함을 주제로 설교했는데 결과는 좋지 않았다. 아직도 만족할 수가 없다. 그렇지만 하나님이 조금씩 역사하고 계신다. 한 남자는 회사에서 횡령한 돈을 사장에게 돌려주었고, 한 부인은 교회학교 예산에서 남용한 돈을 다시 채워 넣었다. 이것은 모두 죄를 깨닫게 하신 성령의 역사 때문이다. 그러나 이러한 죄의 깨달음이 더 많이, 더 깊이 역사하길 기도한다. 영혼들의 마음이 찢어져야 한다! 데이비드 브레이너드의 일기를 읽었다. 그는 여러 달 동안 기도 가운데 고통했는데 결국 하나님의 강한 능력이 인디언들 위에 임했다. 내게도 다른 것이 아니라 이 성령이 필요하다.

21장

하나님의 능력이 나타나다

10월 17일

날마다 기도회로 모였다. 오늘 아침에는 9시 반에 시작했는데 3시간이 넘도록 계속했다. 주님이 우리 가운데 역사하시기를 벌써 여러 주 동안 기도해 왔다. 오늘 오후 2시경에 기도할 때, 나는 갑자기 기도를 그치고 하나님을 찬양하기 시작했다. 눈물이 주체할 수 없을 정도로 흘러내렸다. 그냥 계속 흐느껴 울면서 "모두 잃은 양들입니다! 모두 잃은 양들입니다"라고만 말할 뿐이었다. 나는 울면서 사람들을 위해 기도했다.

저녁 집회 때, 죄를 깨달았지만 구원받지 못한 한 여성이 간증했는데 그 얼굴이 빛나고 있었다. 확실히 구원받은 것이 분명했고 주님의 넘치는 기쁨을 맛본 것 같았다.

10월 21일

지난 며칠 동안 마음속에 무거운 짐이 있었다. 많은 반대 세력이 있지만 기도 가운데 짐을 느끼고, 멸망하는 영혼들을 위해 조용히 눈물을 뿌리는 날들이었다. 그런데도 내 마음은 냉랭하고 관심이 집중되지 않는다. 하나님의 능력이 더욱 크게 나타나고 그분의 임재가 더 크게 드러나기를!

11월 10일

몇 시간 동안 후퍼 박사와 아름다운 교제 시간을 가졌다. 많은 심령이 갈급해하고 있다! 에스라 8-9장은 매우 귀하다. 확실히 하나님은 내 눈을 여셔서 교회의 가증한 것들을 보게 하셨다. 그러나 나 자신의 심령을 들여다보아야 한다! 내 속에는 어떤 가증한 것이 숨겨져 있는가? 주여, 저를 도우사 안타까움으로 울게 하소서. 이방인들이 하나님 나라 기업을 받고자 하고 가나안 족속이 성전에 들어오고 있나이다.

모든 일이 자꾸 얽히는 것 같다. 시원한 해결이 없다. 일하는 것도 중지된 것 같다. 그렇지만 다시 무릎을 꿇는다. 열매가 나타나야 한다. 영혼도 없이 어떻게 설교해야 하는가?

주여, 당신의 뜻을 이루소서. 누군가 다른 사람에게서라도 시작하소서. 무슨 일이든 일어나게 하소서. 하나님의 영이여, 모든 장애물들을 보여주소서!

11월 14일

하나님이 사람들에게 역사하시기 시작했다. 오늘 밤 내가 설교한 후에 기도회를 했는데 두 사람이 마음이 상하여 통곡했다. 한 사람은 문제가 해결된 것 같다. 또 한 사람은 마음에 찔림을 받고 돌아갔다.

11월 16일

오늘 밤 또 한 사람이 간증했다. 몇 주 동안 그 여자는 죄를 깊이 깨달았는데, 밤에 거의 잠을 이루지 못할 정도로 심각했다. 그러나 이제는 기뻐하며 자기가 구원받은 사실을 알고 있다.

11월 19일

믿음이 생기기 시작한다. 하늘은 마치 무거운 쇠문 같지만 오늘 오후의 기도회에서는 어떤 것도 불가능하지 않은 것 같았다. 하나님은 우리가 믿도록 하시는 분이다. 주여 제게 영혼을 주소서! 영혼들이 구원받지 못한다면 설교가 무슨 소용이 있는가?

오늘은 아무것도 요구하지 않는 것이 좋을 것 같다. 다만 하나님이 하실 일을 생각하며 감사와 찬양을 드릴 수 있었다. 전에는 그런 경험이 전혀 없었다. 하나님이 놀랍게 역사하고 계신다는 확신이 생겼다.

방금 전, 교회학교 부장에게 전화가 왔다. 그가 한 교인에게 어린이 교회학교 한 반을 맡아달라고 부탁했더니 금방 울음을 터뜨렸다는 것이다. 그 여성은 하나님과의 관계가 정상이 아니라고 말했다고 한다. 부장은 그 여성과 함께 기도했는데도 평안을 얻지 못했다. 내가 부장을 대신하여 그 여성과 만났다. 그는 벌써 여러 주 동안 죄를 깊이 깨닫고 있었다고 자백했다.

11월 20일

하나님 말씀이 가장 귀하다는 사실을 새삼 발견하고 있다. 내 마음속의 가증한 것들, 곧 의심, 불신, 영적 교만, 냉랭함, 기도 결여, 능력 결핍,

무관심을 보여주셨다. 또한 교회의 혐오스러운 것들, 즉 구별된 삶의 결여, 교인들의 세속성, 경건치 못한 성가대, 바자회, 음악회, 오락, 세속적인 모금 방법, 거룩한 것과 불경한 것을 구별하지 못하는 것, 정결과 불결을 구별하지 않는 것 등을 보여주셨다.

우리에게 부흥이 필요한가? 그렇다는 것을 하나님이 아신다. 영혼들이 구원받지 못하고 죄인들이 각성하고 죄를 깨닫지 못한다면, 교회가 아무리 거룩하고 신앙의 중심지로 유명하다 해도 어딘가 심각하게 잘못되고 있는 것이다.

11월 21일

오늘 밤 집회에서는 우리가 기도해 오던 두 여자가 밝고 명랑한 표정으로 앞에 나와 아름다운 간증을 들려주었다. 그들은 많이 울었다. 주님을 높이 찬양한다. 주님이 역사하시고 깨닫게 하시며 구원하고 계신다. 모든 영광을 주의 이름에 돌린다!

12월 12일

지난 번 집회에서 죄를 깨달은 사람들이 오늘 밤에 간증을 했다. 그들은 이제 확실히 구원받고 기쁘게 지낸다. 그중 한 사람은 우리의 기도 제목 목록에 일주일 내내 적혀 있었다. 하나님을 찬양한다! 오늘은 후퍼 박사와 세 시간 정도 함께 기도했는데 얻은 것이 많다.

12월 19일

후퍼 박사와 오전 11시에 만나 오후 3시까지 함께 기도했다. 오늘 저녁에 하나님이 역사하셨다. 구원받은 한 청년이 내 서재에 들어와 자기는 과거에 거듭난 적이 없었다고 말해서 나를 놀라게 한 일이 생각난다. 그 날은 주일이었다.

그런데 오늘 밤에 그 사람이 찾아와 뒷좌석에 앉았다. 박사와 나는 그 청년을 위해 한참 동안 기도했다. 하나님이 그를 찌르셔서 돌아와 자기 죄를 깨닫고 눈물을 쏟게 하시길 기도했다. 걸상 세 개를 회중을 향해 회개하는 모양으로 정돈했다. 초청에 응하여 앞으로 나온 그 청년은 곧 무릎을 꿇었다.

그런데 갑자기 큰소리로 흐느끼면서 우는 것이었다. 누구도 그를 막을 수가 없었다. 그는 긍휼을 간구했으며 곧 죄를 용서받았다는 사실을 깨달았다. 두 뺨에 눈물을 흘리면서 자리에서 일어서더니, 회중을 향해 돌아서서 자신이 참으로 구원받았다고 말하는 것이다. 그는 주님 안에서 기쁘게 귀가했다.

하나님을 찬양한다! 그분은 기도에 응답해 주신다. 영혼을 구하는 기쁨! 이 세상에서 가장 아름다운 음악은 하나님 앞에 나와 회개하는 죄인의 울음소리가 아니겠는가. 이제는 안락한 것을 누리지 않기로, 주님의 일을 위해 미련 없이 나 자신을 모두 드리기로 결정한다.

1918년 1월 9일

깊이 생각하고 기도한 후에, 나는 이번 주를 기도 주간으로 정하고 토요일 밤을 제외하고 매일 밤 집회를 한다고 광고했다. 오늘 밤 집회는 정말 경이로웠다. 성령이 각 사람에게 충만했는데, 한 교인은 평생 처음으로 대중 앞에서 기도하게 되었다. 우리는 모두 하나님의 능력을 느꼈다.

사람들이 집으로 돌아가지 않으려 했기 때문에 집회는 밤 11시까지 계속되었다.

1월 11일

가장 놀라운 주간이었다. 10시 이전에 집회가 끝난 적이 거의 없었다. 사람들이 가지 않으려고 했기 때문이다. 하나님이 성령을 부어주셨다. 깨달음이 대단했다. 많은 영혼이 고통했다. 소경이던 눈들이 뜨이고, 죄를 자백하고 버렸다. 그 전에는 대중 앞에서 한 번도 기도해 본 적이 없던 사람과, 전혀 기도하지 않던 사람이 가슴을 치고 눈물을 흘리며 기도했다. 젊은이와 장년들도 영혼에 대한 부담을 느꼈다. 하나님의 임재가 완연했으며 찬송도 아름다웠다! 입술로만 부르는 것이 아니라 진정한 마음의 노래였다.

오늘 밤 예배는 10시 15분경에 끝났는데 상당히 많은 사람이 모였다. 그들에게 예배 후에 무엇을 하고 싶은지 물었더니 이구동성으로 집회를 계속하자고 대답했다. 그래서 다음 주에 또 밤 집회를 하려고 한다. 하나님께 영광을 돌린다! 우리 기도에 은혜롭게 응답하셨다! 그것은 인간의 대답이 아니라 하나님의 대답이다. 하나님이 기도에 응답하신 것이다.

하나님의 축복에도, 한 주 동안 기도하는 것이 가장 어려웠다. 사탄이 끊임없이 공격하고 있다. 하늘이 또 철문같이 닫혀 있다. 오늘 오후에는 서재에 들어가 기도하려고 했는데 전혀 안 되었다. 반대 세력이 몹시 커서 모두 포기하고, 갈등하고 싶은 마음조차 상실했는데, 얼마 후에 나는 벌떡 일어나 승리해야 한다고 생각했다. 그러자 승리가 왔다. 어둠의 세력이 물러나고 나는 한 시간 넘게 기도할 수 있었다.

1월 20일

놀라운 또 한 주가 지나갔다. 이제 집회는 그 깊이와 능력이 더해가고 있다. 더 많은 사람이 구원받았다. 스티븐슨이 집회를 많이 도와주었다.

1월 23일

결국 축복의 단비가 내렸다. 주님을 찬양한다. 방 안이 꽉 찼다. 집회 중에 나는 짓누르는 짐 때문에 고통 가운데 터질 것 같았다. 집회 끝에 초청을 했다. 찬송을 두 절이나 불렀는데 아무도 나오지 않았다. 그래서 우리는 옛날부터 늘 부르던 찬송 "목마른 내 영혼"을 불렀다. 2절까지 부르는 동안 나는 깊은 고통을 느꼈다.

3절을 부를 때 나를 누르던 무거운 것이 들린 것을 의식했다. 정말 아름다운 찬송이다! 한 마디 한 마디에 온 영혼과 마음이 담겨 있는 것 같았다. 그렇지만 아무런 결과도 얻을 수 없음을 알고 모두 포기한 상태였다.

그런데 갑자기 한 여자가 앞에 나오더니 무릎을 꿇었다. 곧 또 한 사람이 따라 나왔고 또 두세 명이 앞으로 나왔다. 나는 깊이 죄를 깨달은 사람들 앞에 서서 한두 마디밖에 할 수 없었다. 어느새 눈에 눈물이 고인 여자는 머리를 떨구더니 이내 하나님을 향해 얼굴을 들었다. 모두 여섯 명이 나왔다.

놀라운 밤이었다! 결국 집회를 마치고 모두 귀가하라고 말했지만 사람들은 그 자리에 머물러 떠나려 하지 않았다. 눈물이 하염없이 흘러내렸다. 죄를 자백하는 기도의 흐느낌이 들려왔다. 하나님이 역사하셔서 죄를 용서받았다고 간증한 사람이 많았다. 우리 마음에 충만한 이 기쁨!

3월 6일

하나님의 역사가 아직도 흥왕하고 있다. 매주 영혼들이 구원받고 있다. 오늘 밤 집회도 은혜로웠다. 지난 목요일 밤에는 한 젊은 대학생이 구원받았다. 몇 주 전에 왔다가 다시는 집회에 오지 않겠다고 작정하고 돌아간 청년이었다. 그런데 자신의 생각을 깨고 그 다음 날 집회에 참석한 것이다. 몇 주 동안 갈등하면서도 계속 참석했다. 하나님이 그에게 역사하신 것이다. 죄를 깊이 깨달아 처절한 상태가 되었다. 그런데 지난 목요일 밤, 그는 드디어 행복을 맛보았다. 한 사람이 옆을 가로막고 서 있어서 앞으로 나올 수가 없자 걸상을 치우고 앞으로 나와 모든 사람 앞에 무릎을 꿇었다. 하나님이 그를 구원하셨다. 우리는 "모두 하나님의 역사"라고 믿고 사역을 계속했다. 오늘 밤에 그 청년이 은혜로운 간증을 했다.

3월 7일

오늘 밤, 또 한 사람이 구원을 받았다. 구원받은 그 여자에게는 오늘 집회가 처음이었다. 문자 그대로 흐느끼면서 기도했다. 놀라운 사역이다! 하나님께 찬양을!

3월 13일

두 사람 더 구원받았다. 한 사람은 영향력 있는 교인이었는데 "저는 스스로 그리스도인이라고 생각했습니다. 아마 교회에 오래 다녔기 때문에 그렇게 생각한 것 같습니다. 그런데 오늘 밤, 제가 큰 죄인인 것을 깨달았습니다"라고 말했다. 또 한 사람은 우리가 오랫동안 기도해 오던 여자인데, 죄를 깊이 깨닫고 처절한 가운데 찾아와 죄 사함을 갈구했다. 두 사람 모두 구원받았다. 나 자신도 그 여자는 그리스도인이라고 생각했다. 하나님의 역사! 하나님이 거짓 경험 가운데 사는, 구원받지 못한 교인들을 살려주시기를 기도한다.

3월 27일

오늘 밤에는 하나님의 능력이 대단히 강력하게 나타났다. 뒷문에 기대어 서 있던 한 청년이 사람들 모두 깜짝 놀랄 정도로 크게 소리 쳤다. 2년 전, 자신이 구원받았다고 공언했지만 죄가 그 속에 들어와 하나님과의 관계가 올바르지 못하다는 것이었다. 그는 한 주 동안 고통스럽게 보냈는데, 떠나기 전에 문제를 처리하기로 작정했다는 것이다. 통로를 따라 걸어 나오더니 앞에 와서 무릎을 꿇었다. 하나님이 들으시고 기도에 응답하셨다. 이 청년과 같은 열매가 더 많기를!

5월 2일

이제까지 경험한 것 가운데 가장 힘들고 실망스런 집회였다. 인격을 지닌 실제적인 사탄이 존재한다는 것을 믿지 않는 사람에게 부흥을 위해 기도하고 일하도록 시키면, 그는 곧 원수를 맞닥뜨리고 저항하는 세력을 의식하게 될 것이다. 지난밤에는 사탄이 역사한 것이 틀림없다. 모두 죽은 듯이 얼어붙었다. 아무것도 되지 않았다. 기도도 안 되고 간증도 없었다. 다만 고민 중에 기도하며 울 뿐이었다.

집회 끝에 나는 그만 서재로 돌아가 기도하겠다고 말했다. 서재에 들어가 하나님과 대화하는 자세로 있었기 때문에 나는 누가 내 뒤를 따라왔는지 전혀 몰랐다.

얼마 후에 보니 내 주위에 10여 명이 둘러앉아 함께 기도하고 있었다. 참으로 힘겨운 시간이었다. 그 가운데에서 나는 엎드려 기도하며 흐느껴 울었는데 나중에는 기운이 빠질 정도였다. 기도가 역사할 때까지 쉬지 않기로 마음먹었다. 우리가 지금 어떤 상태인지 알고 싶었기 때문이다. 한두 사람씩 떠나고 나중에는 나와 또 한 사람이 남았다.

한밤중이 지나자 서서히 빛이 비치기 시작하면서 모든 것이 드러났다. 나 자신의 잘못이 분명하게 나타났고, 믿음이 생기기 시작했다. 새벽 세 시쯤에야 몸은 피곤했지만 굳건한 믿음을 얻어 만족한 가운데 돌아왔다. 싸움에서 승리했다! 사탄은 패배한 것이다.

오늘 밤은 말 그대로 천국이었다. 우리 마음은 기쁨의 찬송으로 넘쳤고 하나님은 우리와 가까이 계셨다! 하늘 문이 열린 것 같았다. 믿음이 손에 꼭 잡힌 것이다. 우리는 독수리같이 날아올랐다. 하나님이 우리에게 큰 확신을 주셨다. 아무것도 불가능한 것이 없어 보였다. 집회를 하는 동안 네 번 기도했는데, 놀라운 기도의 영이 우리 위에 임했다. 우리는 웨슬리의 은혜로운 찬송을 계속해서 불렀다.

믿음, 강한 믿음, 약속을 보네.
하나님만 바라보노라.
불가능을 조소하고 외치노라.

"다 이루리로다."

5월 17일

오늘 아침 경건회 시간에 하나님은 신명기 2장 25절이라는 귀한 말씀을 주셨다. 우리는 5시부터 밤 10시까지 기도회로 모였는데 사탄이 광명의 천사처럼 역사하는 것을 알았다. 하나님이여, 저희를 뱀같이 지혜롭게 하소서! 데이비드 스토너의 일기를 읽었다. 하나님께 감사한다! 그는 또 다른 브레이너드다. 그의 글에서 많은 도움을 받았다. 그러나 글을 읽으면서 나 자신이 얼마나 부끄럽고 낮아졌는지 모른다! 그는 간절히 하나님을 갈망하며 추구하던 사람이다. 고통과 진통을 경험한 그는 32세에 세상을 떠났다.

나는 어떠한 경험이 있는가? 잃어버린 영혼을 위해 짐을 지고 있는가? 기도하기를 좋아하는가? 세상을 향한 내 소망이 다 사라졌는가? 나는 죄를 증오하는가? 기쁨과 하나님의 사랑이 충만한가? 내 기도는 응답받고 있는가? 혹시 숨겨놓은 은밀한 죄는 없는가? 마음과 삶이 진정으로 거룩한가? 내게는 영적 분별력이 있는가? 나는 성령의 설교를 찾아내는가? 영적인 사람들을 구별해낼 수 있는가? 내가 믿는 신앙은 실질적인가? 가족들이 나를 믿는가? 나는 진정으로 그리스도를 나타내고 있는가? 내 삶을 보고 사람들이 하나님에 관해 똑바로 인식하는가? 하나님이 내 마음을 살피시고 시험하시도록 하는가? 내 경험 가운데 잘못된 것은 없는가? 성령의 분명한 증거가 있는가? 내 삶은 예수 그리스도를 높이고 있는가? 나는 이런 것들을 위해 기도해야 한다.

22장

고귀한 영적 경험

5월 22일

점점 내 사역을 도전하는 것이 있다. 바로 모든 것을 시험하고 증명하는 일이다. 중요한 실패 원인 가운데 하나는 우리가 자신을 엄격하게 판단치 않기 때문이다.

나는 내 설교에 도전해 보아야 한다. 하나님은 그분의 말씀이 불이자 방망이, 칼이라고 말씀하신다. 그런데 그렇지 못하다면 잘못된 것이다. 하나님은 열매를 약속하셨다. 반드시 결과가 나타나야 한다. 하나님은 말씀하신 그대로 반드시 이루신다.

내 기도 생활도 한번 점검해 본다. 하나님의 응답을 들을 수 있도록 기도하는가? 그렇지 못하다면 왜 그런가? "원하시는 대로 하신다"고 말씀하시지 않았는가? 기도하면서 응답받지 못했다면 무엇인가 잘못되었다는 증거다.

내 신앙 경험도 다시 점검해 본다. 혹 분노하거나 신경질을 내지는 않는가? 내 마음속에 사랑을 거역하는 요소가 있는가? 은혜 안에서 자라며 하나님과 동행하는가? 죄에서 온전히 벗어나 있는가? 내 종교를 가장 가깝고도 귀하게 알며 그렇게 믿는가? 주여, 저를 판단하시고 더 높은 차원의 영성을 허락하소서.

몇 주 전, 하나님이 내게 믿음을 선물로 주셔서 그 믿음이 역사했는데 몇 시간이 지난 후에는 다 흘려버리고 말았다. 몇 주가 지나 지난 목요일 오후, 하나님은 더 놀라운 믿음을 선물로 부여하셨다. 한 주 동안 기쁨 가운데서 잘 유지했는데 그 또한 잃어버리고 말았다. 나는 정말 실수가 많은 사람이다! 왜 나는 하나님을 믿지 못하는가? "믿는 자에게는 능치 못할 일이 없다"고 말씀하시지 않았는가? 데이비드 스토너가 실패한 것도 이 점에서였다. 주여, 믿음을 더해 주소서.

그 믿음을 내게도 부어 주소서.
헛되이 구하지 않도록,
주님을 가게 하지 않겠나이다.
내게 정한 축복을 주시기까지.

5월 24일

기도와 금식으로 하루를 보냈다. 수요일 밤 기도회에서, 대부분의 사람들이 공원과 오락장에서 보낼 휴일을 하나님께 기도하며 금식하는 날로 정하자고 광고했다. 그래서 오늘 아침 9시에 모여 밤 9시까지 기도했다. 시간이 상당히 빨리 지나갔지만 큰 은혜를 받았다. 우리는 하나님의 성령이 부어지기를 간구했다. 정말 모두 간절히 기도했다! "놀라운 하나님의 역사!"

1859년에 있었던 은혜로운 아일랜드의 부흥 사건을 읽고 큰 축복을 받았다.

5월 26일

오늘 밤에는 심판을 주제로 설교했다. 하나님이 내게 큰 자유함을 주셨다. 거의 1,000명이 참석한 것 같다. 유능한 사업가의 부인이 큰 은혜를 받았다. 계속 손수건으로 얼굴을 닦더니 결국에는 눈물을 감추려고 베일로 얼굴을 가렸다. 또 우리가 오랫동안 기도해 오던 독창자가 설교하는 동안 내내 머리를 수그리고 있었는데 깊이 감동을 받은 것 같았다. 또한 여러 사람이 죄를 깊이 깨달았다. 기도에 응답해 주신 하나님을 찬양한다! 주께서 오시기까지 계속 "견고한 성"을 고수하기 원한다.

5월 27일

경험적인 신앙에 대해 내가 별로 아는 것이 없다는 사실을 깨달았다. 나는 "경건의 모양"은 가졌지만 "경건의 능력"은 없는 사람이다. 머리에는 들어 있는데 가슴이 비었다. 내 신앙은 경험적이 아니라 이론적이다. 존 플레처와 윌리엄 브람웰, 존 스미스 같은 사람들은 내게 아주 생소한 무언가를 소유한 인물들이다. 많은 글을 읽고서 안 사실은, 초기 감리교도들의 경험은 역사적 교인들 가운데 사도적 경험에 가장 가까웠다는 것이다. 그들은 하나님을 향하여 결코 능력을 상실하지 않았다! 오, 하나님이 그분의 성도들을 위해 보관해 두신 것이 무엇일까? 대가를 많이 치른다 해도 그것을 경험해야 한다. 주여, 읽고 기도하고 묵상할 때 성령께서 나를 가르치소서! 참으로 믿는 마음! 한두 세기 전에 위대한 그리스도인들이 소유한 그러한 믿음을!

5월 29일

은혜로운 집회였다! 하나님의 능력이 놀랍게 나타났다! 준비한 메시지를 전하지 못하고 하나님이 인도하시는 대로 설교했다. 깨달음이 깊었다. 어떤 사람은 상당히 흥분했다. 초청 시간도 갖지 않았는데 여섯 명이 앞에 나와 무릎을 꿇었다. 우리가 자기를 위해서 기도했다고 역정을 내던 여자가 오늘 밤에 깊은 감동을 받았다. 다시는 참회하러 나오지도 않고 강단 앞에 나서는 일이 없을 것이라고 장담하던 여자가 나온 것이다. 할렐루야!

6월 2일

토요일을 두 번째 금식 기도일로 정하고, 하나님께 8시간 간구했는데 큰 은혜를 경험했다.

플레처 여사의 훌륭한 생애에 관해 읽었다. 하나님과 동행한 여사의 아름다운 생애에 대해 아는 바가 거의 없었다. 그 큰 고통! 그 인내와 신앙과 확신! 나는 무릎을 꿇지 않을 수 없었고, 내 무가치함을 고백하지 않을 수 없었다. 주여, 당신을 영화롭게 하지 못하는 모든 것을 제하여 주소서! 순간마다 당신의 뜻 가운데 있게 해주옵소서! 존 플레처가 소유한 것을 조금이라도 허락해 주소서! 더 간절히 사모합니다. 진정으로 의를 갈망합니다.

6월 5일

오늘 밤 집회도 은혜로웠다. 타락한 네 사람이 들어와 무릎을 꿇었는데, 모두 해결받았다. 사람들이 간증을 시작했고 찬송이 무척 신령했다. "집으로 돌아가지 않겠습니까?"라고 물으니 사방에서 "아닙니다"라는 대답이 튀어나왔다. "그렇지만 벌써 11시 20분 전입니다." 그들도 놀랐다. "이런 것이 부흥인가?" 오늘 밤 우리 마음에 기쁨이 넘쳐흘렀다. 모든 영광을 하나님께 돌린다.

은혜롭게 집회를 계속하면서 우리는 가볍고 흔한 찬송보다 옛날 믿음의 선배들이 부르고, 하나님께 크게 쓰임받았으며, 하나님의 놀라운 사랑을 높이는 찬양을 불렀다. 그날 여러 번 부른 찬송들은 "예수님은 누구신가"94장(통일찬송가), "그 고귀함을 어찌 다 말하리"Oh, Could I Speak the Matchless Worth, "만입이 내게 있으면"23장(통일찬송가), "깊은 은혜"Depth of Mercy, "깨어라 내 영혼아"Arise, My Soul Arise, "내 마음이 주 찬양해"Oh, for a Heart to Praise My God, "참 귀하다 사랑의 주"Oh, Love Divine, "믿음의 날개를 내게도"Give Me the Wings of Faith to Rise, "믿음, 강한 믿음"Faith, Mighty Faith 등이다.

6월 9일

오늘 아침, 교회 가는 길에 하나님의 평안이 내 마음에 차고 넘쳤다. 성경 구절이 계속 마음에 떠올라 줄곧 찬송을 부르며 걸었다. 특히 다음 구절이 더욱 은혜로웠다.

예수, 만유에 높은 이름,

음부와 이 땅과 하늘까지
천사와 사람도 그 앞에 엎드리고
마귀도 두려워 피하는 이름.

하나님의 놀라운 임재를 경험하며, 이러한 평안이 시련과 핍박 속에서도 유지될 수 있을지 스스로 물어보았다. 예배 후에 두 사람을 만났는데 그들을 얽어맨 사슬이 끊어지고 큰 은혜를 받았다는 이야기에 격려를 받았다. 시련과 지독한 반대 세력이 또 일어났다. 사탄은 여전히 분주하다. 심지어 훌륭한 교인들 가운데에서 사역을 막고 길에 장애물을 놓는 경우도 있었다.

6월 18일
오늘 밤 설교를 하고 있는데 한 사람이 자리에서 벌떡 일어서더니, 고통스런 표정으로 앞에 나와 무릎을 꿇었다. 곧 빛이 임하자 그는 청중을 바라보면서 “형제들이여, 저도 예수님을 발견했습니다. 저도 예수님을 찾았습니다” 하고 말하는 것이었다. 하나님의 놀라운 능력이시다! 믿음의 기도를 들으시고 신기하게 역사하시는 하나님!

오늘 아침에는 6시 반에 집을 나섰다. 교회에 가서 6시 45분에 기도를 시작했다. 그런데 몹시 힘들고 지쳐서 졸음을 참을 수가 없었다. 하나님과 만나려고 15분간 애써 보았지만 잠이 들고 말았다. 그러다가 8시 30분에 다시 기도하기 시작했는데, 거의 한 시간 반 동안 놀라운 자유함으로 기도했고 축복을 받았다. 그러고는 잠시 말씀의 잔치를 벌이며 특히 의롭고 거룩한 삶의 능력을 깊이 생각했다.

6월 19일

오늘 아침에는 넷이 모여 아침 8시부터 12시까지 기도했는데 참 좋은 시간이었다. 지난 목요 집회 때 내 말을 잘 듣지 않고, 더욱 기도하라는 내 권고를 불평과 비난과 책망으로 생각한 몇몇 사람이 있었다. 그런데 오늘 집회에는 새로운 헌신의 마음으로 모였고, 여러 사람의 얼굴에 큰 기쁨이 넘쳤다. 그렇지만 육신적으로 일을 처리하려는 것은 소용이 없다는 사실과 하나님만이 사람들의 마음에 기도의 짐을 지우시고 나도 그것을 주님께 맡겨야 한다는 것을 알게 되었다. 사람들이 성령에 의해 기도의 짐을 지게 되면 결코 어떤 각별한 권면이 필요치 않다. 주님께 감사한다. 훌륭한 기도의 동역자들을 일으키심을 감사한다.

6월 21일

오늘 내게 특별히 은혜가 된 두 구절을 기억한다. "너는 내게 부르짖으라 내가 네게 응답하겠고 네가 알지 못하는 크고 은밀한 일을 네게 보이리라"(렘 33:3). 주여, 제게 힘주시어 믿음으로 이 말씀을 잡게 하시고 주님을 앙망하는 "크고 비밀한 일"을 보게 해주옵소서. 그리고 두 번째 구절은 "제자들이 나가 두루 전파할새 주께서 함께 역사하사 그 따르는 표적으로 말씀을 확실히 증언하시니라"(막 16:20)이다. 주님이 나와 함께 역사하고 계시는 것이 확실한가? 내가 전하는 말씀이 표적으로 증거되지 않는다면 어떻게 증명할 수 있는가? 이 확신도 없이 계속하는 것으로 만족할 수 있는가? 나도 영혼이 구원받는 일에 있어서 죄에 대해 심오하게 각성해야겠다.

7월 1일

주님의 은혜를 경험한 5–6명과 함께 금식 기도를 하며 보냈다. 사탄의 저항이 강해서, 우리는 기도하며 이겨내기가 대단히 어려웠다.

8월 5일

사탄이 다시 한 번 분주하게 움직였다. 자기 부인을 집회에 참석하지 못하게 하려는 사람이 있었다. 대단히 화가 나서 위협까지 할 정도였다. 그렇지만 부인의 부탁을 받고 그 사람 집에서 집회를 열었는데, 그 때 남편이 찔림을 받고 자기 잘못을 알았으며 자기가 옳지 않았다고 시인하게 되었다. 사탄은 사람들이 평범하게 교회에 참석하는 것을 별로 신경 쓰지 않는다. 그렇지만 그가 천국 백성이 되면 온 군대를 동원하여 공격한다. 우리 집회에 부인이 참석하는 것을 허락하지 않는 남편들이 몇 있다.

8월 16일

일기장을 보니 지금부터 꼭 1년 전에 부흥을 위해 특별 기도를 시작했다. 나는 오늘을 특별 기도의 날로 정하고 하나님 앞에서 우리가 할 일을 새롭게 다짐했다. 신앙을 고백하던 몇몇 사람이 떨어져 나갔지만 대부분은 견고하게 서 있다. 우리가 낳은 신앙의 자녀들을 본다! 진짜와 가짜를 제대로 구별하고, 성령의 일과 육신의 일을 옳게 분별해야 한다. 우리 기도가 더욱 역사하기를 소망한다. 열매는 익기 전에는 따지 않아야 한다. 우리는 부모를 사랑하고, 가족을 사랑하며, 고향을 사랑하고, 항상 식탁에 둘러앉는 자녀들을 갖고 싶어한다. 그렇지 않다면 그것은 부자연스런 일일 것이다. 여러 사람의 신앙이 잘 성장하고 있으며 기도의 동역자로 자라고 있다.

8월 24일

하나님이 여전히 역사하시며 기도에 응답하신다. 우리는 이제 큰 역사를 보고 있다. 회심자들이 곤란을 당하고 있는 것 같다. 그중 한 사람의 간증에 따르면, 그 부인이 변화를 받은 이후로 이웃 사람들은 그의 집에 더러운 물을 끼얹거나 길 앞에 쓰레기를 버리는 등 갖은 못된 행동으로 화나게 하고 있었다. 부인은 한 마디도 하지 않고 예전과 마찬가지로 대처했다. 동네 사람들의 편지함에 전도지를 한 장씩 넣고 그들이 읽기를 기대했다. 그 다음 날, 부인은 한 여자가 그를 노려보는 것을 보았다.

며칠 후, 그 부인을 노려보던 여자가 갑자기 수술을 받으려고 병원에 입원하게 되자 우리 교회의 회심자인 부인은 여자의 남편을 찾아갔다. 그 남편은 몹시 놀랐다. 부인은 다음 날 다시 병원을 방문하여 환자와 함께 기도하는 시간을 가졌다. 그 동네 여자는 마음이 동하여 흐느끼며 울었다. 다음 날 아침에는 남편이 찾아와 뜻밖의 말을 전했다. "나는 죄를 범한 사람인데 주님이 저도 용서하실 수 있을까요?"

8월 26일

지난주에는 피터버러에 있는 조지 스텐턴에게 편지를 보내 이곳에 와서 기도에 동역해 달라고 부탁했다. 그가 와서 우리는 함께 은혜로운 시간을 가졌다. 오늘 오후, 식사가 준비되었다는 말을 전하러 들어갔을 때 그는 마룻바닥에서 앉아 놀라운 표정을 한 채 나를 쳐다보았다. 그의 눈에는 눈물이 고여 있었다. 마치 천국에 갔다가 방금 세상에 다시 살아온 사람처럼 보였는데, 마음이 누그러지고 약해진 것 같았다. 하나님은 그에게 큰 믿음을 주셨고 기도 가운데 그 믿음을 보유하는 법을 그는 알고 있었다. 그가 받는 기도 응답은 놀라운 것이다. 하나님과 함께하는 그의 삶에 많은 사람이 감동을 받고 있다.

9월 9일

말씀이 점점 귀하게 다가온다. 구약의 선지서 읽기가 참 즐겁다. 내 마음은 하나님의 더 풍성하신 구원을 갈망하며 예수 그리스도와 더 가까이 행하고 싶다. 세상과 세상에 속한 모든 것을 떠나고 싶다. 기도하면 할수록 더 기도하고 싶어진다. 하나님은 내 상급이시다.

9월 15일

오늘 밤, 하나님은 그분의 인을 치시고, 진리를 증거하셨으며, 말씀을 확증해 주셨다. 한창 설교하고 있는데 낯선 한 젊은 여자가 자리에서 일어나 서 있었다. 한참 후에야 나는 그 사람을 보았다. 설교를 중단하고 하나님을 찬양한 뒤, 혹시 예수 그리스도를 믿게 되었느냐고 물어보았다. 그 여자는 죄를 매우 깊이 깨달았기 때문에 예배가 끝날 때까지 기다릴 수가 없었다는 것이다. 그리고 나는 설교를 계속했다. 그 결과는 놀라웠다. 하나님께 대한 경외감이 온 교회에 가득했고 깊이 감동받은 사람도 많았다. 계속 설교하고 있는데 남자 셋과 여자 둘이 계속 울고 있었다. 한 남자는 큰소리로 흐느껴 울었다. 예배 후에 서 있던 젊은 여자가 내 방을 찾아왔는데, 내가 말할 수 있는 것은 그 여자가 확실히 죄

사함을 받았다는 것이다. 주님을 다시 한 번 찬양했다!

9월 23일

죄에 대해 더 깊이 고통하는 마음과 깨달음이 있어야겠다. 그렇지만 이 모든 것은 성령께서 하시는 일이다. 그렇기 때문에 믿음의 기도 말고는 효과 있는 것이 없다. 존 스미스의 생애를 다시 한 번 읽었다. 그는 기도의 사람이요 믿음의 거장이다! 영혼을 향한 그 사역! 부흥에 관한 책이 많고, 하나님이 역사하신 결과들을 설명하는 책도 다양하지만 존 스미스만이 그 방법과 실천 방안, 즉 성령의 열매를 맺고 하나님의 영광을 위해 결과를 얻을 수 있는 방법을 제시하고 있었다.

지금은 처음으로 존 웨슬리의 일기를 읽고 있다. 네 권으로 된 두꺼운 책들이다. 이것을 다 읽을 수 있을까? 무척 흥미롭고 유익한 이야기가 많기 때문에 다 읽을 수 있을 것 같다. 참으로 위대한 인물이다! 그는 오직 믿음으로만 구원을 얻는다는 근본적인 교리를 아주 선명하게 선포하고 있다.

엘리스 포터 집사, 차만 부인, 스코트 부인, 웨어 씨, 허친슨 씨, 랄프 후퍼 박사, 사무엘 스티븐슨 씨. 이들은 기도의 사람으로 앞서 말한 대부분의 책을 내게 소개해 주었으며 내 아내를 포함한 이 사람들이 내 기도 동역자들이다.

계속 일하소서, 능력의 성령이여! 그분의 이름을 위해 다시 한 번 백성들을 일으켜 세우소서! 주여, 다시 한 번 하늘에서 저희를 찾아와 주시고, 부흥의 날을 주시어 이 땅에서 천국을 보게 하소서! 이 모든 일에 주 예수 그리스도만이 영광을 받으시옵소서, 아멘!

능력 있게 설교하는 자는

효율적으로 기도해야 한다.

오스왈드 스미스

사명선언문

너희가 흠이 없고 순전하여……세상에서 그들 가운데 빛들로
나타내며 생명의 말씀을 밝혀 _ 빌 2:15–16

1. 생명을 담겠습니다
만드는 책에 주님 주신 생명을 담겠습니다.
그 책으로 복음을 선포하겠습니다.

2. 말씀을 밝히겠습니다
생명의 근본은 말씀입니다.
말씀을 밝혀 성도와 교회의 성장을 돕겠습니다.

3. 빛이 되겠습니다
시대와 영혼의 어두움을 밝혀 주님 앞으로 이끄는
빛이 되는 책을 만들겠습니다.

4. 순전히 행하겠습니다
책을 만들고 전하는 일과 경영하는 일에 부끄러움이 없는
정직함으로 행하겠습니다.

5. 끝까지 전파하겠습니다
모든 사람에게, 땅 끝까지, 주님 오시는 그날까지
복음을 전하는 사명을 다하겠습니다.

서점 안내

광화문점 서울시 종로구 새문안로 69 구세군회관 1층
02)737-2288 / 02)737-4623(F)

강남점 서울시 서초구 신반포로 177 반포쇼핑타운 3동 2층
02)595-1211 / 02)595-3549(F)

구로점 서울시 동작구 시흥대로 602, 3층 302호
02)858-8744 / 02)838-0653(F)

노원점 서울시 노원구 동일로 1366 삼봉빌딩 지하 1층
02)938-7979 / 02)3391-6169(F)

일산점 경기도 고양시 일산서구 중앙로 1391 레이크타운 지하 1층
031)916-8787 / 031)916-8788(F)

의정부점 경기도 의정부시 청사로47번길 12 성산타워 3층
031)845-0600 / 031)852-6930(F)

인터넷서점 www.lifebook.co.kr